魔女と魔法学

鏡リュウジの

Witchcraft

鏡リュウジの
占い入門
3

RYUJI KAGAMI
鏡リュウジ

はじめに

幼いころ「大人になったら何になりたい?」と聞かれた僕は、いつも「魔法使い」と答えていたと聞かされました。物心つく前の話です。

きっと漫画やドラマの中の魔法使いに憧れていたのでしょう。

そんな僕が、神秘の世界に触れたのは十歳のころにタロットカードと出会ったのが最初でした。そして、物心ついたとき、英国製のタロットの英文解説書に「このカードは現代の魔術師が作った」と書かれているのを発見したときの驚きと言ったら! 現代にも魔法使いがいるのか、いったい、どういうことなのだろうかと心を躍らせました。

おりしも、先達たちが次々に現代の魔術を紹介する本を出版されていたころ。僕は魔法の本場である英国に旅立ちます。まだ大学生のころの話。

これは僕が体験、観察した、現代の本物の魔法世界の冒険譚でもあるのです……さあ、魔法の世界へ、ご案内しましょう。

鏡リュウジ

鏡リュウジの占い入門3

鏡リュウジの 魔女と魔法学——目次

3 魔法円の外へ

エピローグ

古くて新しい月の娘たちに

【付録】魔女術ワークショップ

プロローグ

僕と魔女との出会い

「愚者」

愚者はたったひとつの袋を手に、旅にでる。
道の先は崖、足元には犬が絡《から》みつく。
それでも彼は晴れやかに歩をすすめる。
その行く先はどこなのだろうか。

ある夏の、イギリスでのこと

ロンドン北部のしずかな住宅街。美しく舗装された坂道に沿って白い石づくりの建物が並んでいる。比較的広い道路だというのに、自動車も頻繁には通らない。地下鉄で、たった二十分ほど北上しただけで、ソーホーやピカデリーの喧騒がうそのように思える。

夏のイギリスの一日は長い。時計は七時すぎを示しているというのに、やっと日は西にかたむきはじめたばかりだ。すこしばかり赤みをおびた夕日に美しく照らされた坂道を、僕は電話で教えられたとおりにのぼっていった。

この日、僕は魔女たちの集会に出席しようとしていた。

坂をのぼりきると、そこに教えられた番地が見つかった。呼び鈴を押す。

「ハロウ、リュージ?」

訪問者の緊張をとかすような明るい笑顔で僕を迎えてくれたのが、ウィリアム夫妻、この集会の主催者であった。

「中年の人のよさそうな夫婦」といった印象のカップルをひとめ見て、僕はふしぎな気持ちにおそわれた。「魔女」といっても彼らはあまりにもふつうなのだ。妙なファッションもしていないし、ブツブツと呪文をとなえている、ということもない。ただ、そろって胸に五芒星のペンダントを下げていることをのぞけば、郊外のスーパーマーケットでいくらでも見受けられるタイプの、ごくふつうのクラスのイギリス人夫妻、といった感じなのだ。

しかし、それでもウィリアム夫妻は、れっきとした魔女グループのリーダーなのだ。彼らは毎週月曜に自宅を開放し、関係者を集めて学習会、瞑想会、儀式などにあてている。参加にとくに制限はないらしい。僕のような極東の地からきた物好きにも、気楽に門戸をひらいている。

その夏の宵に集まってきた参加者は八名ほどの男女だった。年齢は六十歳をすぎたと思われる男性から、二十歳の学生までさまざまだ。どの人も、ごく平均的なイギリス人といった感じの、フレンドリーでオープンな人々である。

もちろん、この集会に日本人が参加するのは僕がはじめてらしい。彼らはこの突然の訪問者をあたたかく迎えてくれた。つたない英語で僕は一生懸命、話しはじめた。幼いころから「魔法」にあこがれていたこと、そして、いつの間にかタロットや占星術に興味をおぼえ、それに関する記事を書いたりしていること、そして、何よりも現代の魔術に関心を寄せていること……。

お茶の三杯目のおかわりがだされ、すっかりサンドイッチがたいらげられるころに、僕は最初の違和感やバリアをすっかり取りはらっていた。彼らのあいだでは、魔法関係の新刊書についての話がはじまり、僕もそれに参加する。共通の話題があることは、何よりも心を開くうえで大きな強みになったといえるだろう。

魔女と歌う

談笑がひと区切りすると、ウィリアム夫妻が「じゃあ、そろそろはじめましょうか」と切りだした。

「何を？」

そっと僕はとなりにすわっていたおなじ歳ほどの女性にたずねる。

「瞑想とパス・ワーキングよ」と彼女は軽くウインクしながら答える。

僕たちは、席を立ってキッチンからとなりのかなり広いリビングに移動した。そこには、ソファーや家具らしいものはほとんどなく、最大限にスペースが利用できるようになっている。暖炉の上には、女神と角のある神の像がおかれ、キャンドルとインセンス（香）がともされた。神秘的な香りがあたりを包む。

ウィリアム夫人の指示で、僕たちは円陣をつくり、部屋の中央に手をつないで立った。ならぶ順は、できるだけ男女が交互になるようにとのことだった。陰陽のエネルギーのバランスをとるためには、それが一番いいのだそうだ。

呼吸を整え、リラックスする。かすかな緊張感。いったい、何がはじまるのだろう。

Ａｈ…Ａｈ…Ａｈ…。

ウィリアム夫人がＡｈの響きを発しはじめる。最初はしずかに、低く、そして、しだいに大きく、高く。続いて、それぞれのメンバーが唱和しはじめる。そして、僕も。いつしか、それぞれの声は共鳴しあい、ひとつのハーモニーをかたちづくっていた。

Ａｈの響きは、開放的だ。音声は上へ、上へと上昇していく。そのバイブレーションは、確実に、参加するものの意識を「天」に向けていた。

次に、彼らは軽く透明なＡｈの響きとは対照的に、Ｏｍ《オーム》唱和しはじめた。重く、低く、厚い響きだった。Ｏｍのバイブレーションは、メンバーの意識を「下」「地」に向けていく。

彼らは、とくにこの儀式の意味を説明してくれなかったけれども、そのねらいは僕にもはっきりとわかった。魔女たちは、音のバイブレーションを通じて「天」と「地」のあいだに橋をかけ、そして、みずからその接点となったのである。どうやらこの儀式は毎回おこなっているものらしく、全員が慣れたようすだった。

じつに単純な所作だ。仰々しい身ぶりも、呪文もない。けれど、この儀式は想像以上にパワフルなものだった。たしかに、このような母音のバイブレーションのなかにいると、あたりの空気が変化し、自分が天と地のあいだにかかった存在であると感じさせられるのだ。

あとで述べるように、現代の魔女・魔術師たちは「魔術とは意識に変化を引きおこす術」と定義している。だとすれば、あのとき僕はまぎれもなく魔女術《ウィッチクラフト》の力のなかに立っていたといえるだろう。そして、さらなる魔術がこれに続こうとしていた。

瞑想でふたつの世界を歩く

魔女たちは、こうしてごく単純な詠唱だけで、いとも簡単にその空間を異界へと変化させてしまった。さっきまで何の変哲もないアパートの一室だった場所が、「神殿《テンプル》」という言葉がふさわしい神聖な空間に変わった気がする。ここでなら、どんな不可思議が起こってもごく自然に受け入れられそうな、そんな気がしてくるからふしぎだ。

参加者のなかから若い夫婦らしきカップルが進みでる。このグループでは毎回、発表者が交替で決められていて、自分たちで工夫したテーマで発表をしたり、ワークをしたりするらしい。

また、このグループはとくに「伝統的」な儀式の所作などはないらしい。おのおのが神話や各種の儀礼をもとに儀式、ワークなどを工夫したり、自由に楽しむことになっている。

今回は、エジプト神話のホルスとセトの話の発表だった。テーマは「光と影」。彼らはエジプト学の古典的権威、ウォーリス・バッジ卿の『古代エジプトの神々』などを引用しつつ、エジプトの太陽の神ホルスと、砂漠の悪神セトの神話を紹介

ホルス

セト

する。そこでは、ホルスとセトはキリスト教的な神と悪魔といった絶対的な対立ではなく、昼と夜のようなひとつのものの相補的な二面だ、と説かれる。

人間のなかにも、同様に暗い面と明るい面が同居している。ユング心理学でいう自我とシャドウ、意識と無意識のようなかたちでホルスとセトが同居しているという。近代人は、内なるセト的な面を抑圧しているが、それと向きあい、受けいれることが重要だと彼らはいうのだ。

話術そのものはけっしてうまいとはいえないが、一言一言に熱がこもっている。それぞれ世俗の職業をもって多忙な生活をしているなか、バッジの難渋な大部の著書を読むということだけでも、彼らの熱意がわかるというものだろう。彼らの話はユング、フロイトの心理学と神話学、そして魔術的な宇宙論を組みあわせた独特の宇宙観だったが、奇妙な説得力がある。

「では……」

そのカップルは続けた。

「パス・ワーキングによって内なるホルスとセトを体験することにしましょう」

パス・ワーキング。文字どおり「道行きの業」という意味だ。それは現代の魔女、魔術師たちのあいだで広くおこなわれている瞑想法の一種で、リーダーの誘導によってシナリオが読みあげられ、それにしたがって参加者がそれぞれにヴィジョンを形成していく。鍵は、いかに生き生きと、そしてありありと、このヴィジョンを形成できるかという点にかかっている。ハイテクノロジーをいっさい必要とせずに、仮想現実《バーチャルリアリティ》を形成する業《わざ》が、このパス・ワーキングだといえるだろう。

「軽く目を閉じてください。そしてリラックスして」

ある者はあぐらをかき、ある者は床に大の字に横たわる。僕はあぐらをかいて、床にすわった。

シーンは夜の森を歩いているところからはじまった。まぶたの裏に、読みあげられるとおりのシーンを一生懸命「視る」努力をする。遠くから聞こえるフクロウの声、足元のすこし湿った落ち葉の道、ほおにあたる冷たい風、そして木陰の上に見える星空……。

ふしぎな感覚だ。さっきまでは懸命に努力しないとイメージが見えなかったのに、いつの間にか、それほど集中しなくともシーンを追いかけることができる。

じつは、僕はそれまでにもマニュアルを読んで自分でこの作業をやっていたことがある。けれど、このようになめらかに、イメージ異界——魔術の言葉でいうアストラル世界にさまようことはなかった。

——魔術は、グループでおこなったほうが効果が高い……。

むかし読んだ魔術の入門書にあった言葉が頭をよぎる。

シナリオのイメージが、僕を森のはずれの湖にさそう。その湖は、はじめはま

【アストラル世界】
astralは、星に関わるギリシア語に由来する。ここでは、人間のイメージの領域を指す。

るで「宇宙の一部を切りとったもののように深く、暗い」ものだったけれど、今度は満天の星が水面《みなも》に反射し、光に包まれて白く輝いていく。僕は水面に一歩踏みだす。水面はまるで鏡のようにたしかで堅い。星の光に照らされて僕の影が水面にのび、美しいコントラストを描きだす。

やがて、白と黒をつかさどるホルスとセトがシナリオのなかに登場し、僕たちは、この鷹の頭と犬のような古代の神とあそぶことになったのだった。ふしぎな、解放されたような気分。そして、異なる世界を歩いたという、奇妙な、しかし、どこか誇らしげな意識。魔術にのめりこんでいく人々の気持ちを、僕はすこし理解したような気がした。

ふたつの世界を行き来する者。Walkers Between the Worlds.

魔女や魔術師たちは、自分たちをこう呼ぶが、そのとき、僕もふたつの世界の歩き手になっていたのだ。これが、僕がはじめて参加した魔女のワークだった。

いわゆるニューエイジ、オカルトスピリチュアルのブームは落ちつきをみせているが、それは消えたのではなく、拡散、定着したようにみえる。

一説には、アメリカには十万人を軽くこえる「魔女」がいるとレポートされているし、その種の出版物、集まりもとみに目立ってきている。日本では魔術、魔女というと、まるで子供向けのおまじないや霊感商法的なものをイメージしがちだが、欧米では大の大人が、しかもコンピュータ関係者や学生、教師といった知的な階層の人々がまじめに取りくんでいるのだ。

彼らはいったい、何を求め、何をしているのだろうか……。

魔女たちのスーパーマーケット

大英博物館からミュージアム・ストリートをくだり、ソーホーへとぬけるコベント・ガーデンの一角に、壁を紫色にペイントした奇妙な店がある。

「ミステリーズ」。あやしげな看板にひかれてなかに入ると、神秘的だがどこか安っぽいシンセ音楽とインセンスの香りが訪問者を迎えいれる。ところせましとディスプレイされているのは、さまざまな植物から抽出されたというエッセンス・オイル、インセンス、猫やドクロのかたちのロウソク、水晶や五芒星、エジプト十字など神秘的な図形をきざんだアクセサリーなどだ。

そして、書籍コーナー。天井近くまでぎっしりとつまれた書籍は、いずれも占星術、魔術、魔女術、錬金術などに関するものばかりだ。

ここには現代の魔術を愛好し、実践する人々が集まる。そして彼らは思い思いに魔術の儀式に必要な道具や書籍を手にいれていく。

ミステリーズのような店は、イギリスやアメリカのちょっとした都市にはかな

オカルト専門書店「アトランティス」のウインドウ

アトランティス書店のジェラルディンさん（左）

【Atlantis Bookshop】
49A Museum St, London
WC1A 1LY

らず見受けられ、それぞれに繁盛している。また、大英博物館のすぐそばには、有名なオカルト書店「アトランティス」がある。

そのマーケットの大きさがわかれば「魔女」「魔術師」たちがどのくらいいるのかを推計するひとつのヒントになるだろう。

一九八七年の調査によると、通信販売を専門にしている英国のオカルト業者「妖術士の弟子」では過去十三年間に二万五千人以上の顧客が、すくなくとも二度以上の注文をしているという。また全米の「魔女」たちを包括的に調査したマーゴット・アドラーは、リサーチのあいだに百程度の魔女グループと接触したといい、さらに、それらおのおののグループは、五ないし十の魔女グループとコンタクトしているはずだと推測している。

こうしてみれば、けっして魔女や魔術が特殊な現象ではなく、ひとつの社会現象といってもいいものだ、ということがわかるだろう。

また、こうした店は、「魔術師」や「魔女」たちのネットワークの交流の場になっていることが多い。その壁には集会やワークショップの案内、そのほかの情報が貼られている。僕もそうした情報をもとに、いくつかの魔術関係者の集会とコンタクトすることができた。

自然を崇拝する術

多くの魔術師や魔女たちと交流するなかで、まず僕が知ったのは、彼らは「魔女」「魔術師」という言葉を、微妙なニュアンスで使い分けているということだった。僕が、「僕たち魔術師（Magician）は……」といいかけると、「いいえ、私たちは魔女（Witch）です」とたしなめられて、気まずい思いをしたことが何度かある。

もちろん、男性の魔術師が「マジシャン」、女性の魔術師が「魔女」（ウイッチ）という単純なものではない。Witchが女性ばかりだと思うのは、単純に訳語の問題だ。英語でもウイッチといえば、圧倒的に女性をさすことが多いのだが、本来は男性と女性、双方をさす言葉だった。

これまで「魔女」「魔術師」「呪術」といった用語を無造作に使ってきたけれど、現代の魔術愛好家のあいだでは、これらの用語はあるニュアンスをもって区別されている。このあたりで、一度、そこをはっきりさせておくことが必要だろう。

人類学ではWitchcraft, Magic, Sorceryといった用語に関してさまざまな定義がなされている。また古い民間伝承では「悪魔に使役するのが魔術師で、魂を売りわたすのが魔女」などともいわれてきたが、現代の魔術愛好家たちのあいだでの区別はむろん、それとは異なるものだ。

厳密に分類をおこなおうとすると、たいへん面倒なことになるので（下手をすると一人一派！）、ここでは、大きくふたつに分けてみることにする。これは、実際の彼らの活動パターンでも分類ではなく、彼らの思い描く「魔術」のタイプ、魔術概念のちがいによるものだ。

ただし、活動、実践のレベルでは、これらの境界は希薄になりつつある。先にみたように、彼らはいずれもエジプト、ケルト、ギリシアなどのエキゾティックな象徴を操作し、瞑想や儀式をおこなっている。

◉魔術　Magic, あるいは High Magic, Ceremonial Magic

ネオ・プラトニズム、カバラ的な階層宇宙論にもとづく宇宙観をもち、その階層を順次あがることによって最終的に「神との合一」をめざす。現代のこの魔術は、十九世紀末の魔術結社ゴールデン・ドーン（黄金の夜明け）で体系づけられた。

◉魔女術　Witchcraft, あるいは Natural Magic, Pagan Magic

キリスト教以前のヨーロッパ土着の自然宗教の系譜を継承する、と主張するもの。厳密にいえば新異教主義（Neo-Paganism）というべきだろう。魔術の要素をうちにふくむ自然崇拝的宗教の再興運動である。ドルイド、ウイッカ（ウイッチの古語にあたると一時は言われていた）などがその代表例だ。なお、ここでは魔女術という言葉をWitchcraftの訳語として用いることにし、新異教主義を広くしめす言葉として使用したい。

現在ではこのふたつの境界はますます薄れつつあるけれども、ここではおもに後者、魔女たちのほうに関心を向けたい。儀式魔術に関してはすでに日本でもいくつか入門書や紹介書が出版されているし、それに、むしろ、魔女たちのほうがたとえばエコロジーやフェミニズムの運動と共闘するかたちで、より一般性を獲得し、幅広く支持されるようになってきたと思われるからだ。

いまよみがえる魔女の知恵

しかし「魔女」というと、依然として悪魔崇拝者と誤解されがちだ。ホラー映画やコミックの影響だろうけれども、僕が「魔術」や「魔女」に関心をもっていて、しかもいくつかの魔女のグループに属しているというと、親しい友人たちでも、僕の部屋にきたときに冷蔵庫をあけては、「なんだ、小動物の内臓でも入っているかと思えば、ごくふつうの食材だけか」などと冷やかされる。

けれど、現代の魔女は悪魔の信仰者ではない。悪魔に魂を売りわたすものとしての魔女のイメージは、現代の魔女によれば、キリスト教によってゆがめられた

豊穣と大地の女神デメテル

イメージなのだ。では、いったい、彼ら自身のいう魔女とは何か。

　彼らの主張をまとめると、たぶん次のようになるだろう。

　キリスト教がヨーロッパに流入してくる以前には、石器時代にまでさかのぼれるようなエコロジカルでたおやかな、平和な宗教があった。それは大地の女神と狩猟の神を崇めるものだった。

　だが、やがて「ただひとつの神」を信じるキリスト教がヨーロッパに入ると、一部ハロウィンやマリア崇拝、というかたちでキリスト教に受容されたものをのぞいて、すべて古い神々は「悪魔」や「妖精」とされ、それを素朴に祈る人々は「魔女」とされてしまった。

　キリスト教的な文明やその男性中心主義が、自然を次々と征服してきたのだが、それは結局、テクノロジーと人間の欲望の際限のない増殖と環境破壊をもたらしたにすぎなかったのではないか……。いまや、人類そのものの未来すら危機的なものに見える。このとき、かつて徹底して辱められ、禁圧されたかに見える「古き宗教」、魔女の知恵が記憶の底からよみがえり、「新しい原理」として人々の心を魅了しはじめる。

　エコロジー、人の内なる自然としての「身体」、女性原理、そしてシャーマニスティックな意識の変容といったキーワードが浮上してくるのは必然だった。これは単純化すれば、西欧的近代に対しての、非・近代が、前・近代とイコールでむすばれ、それを再評価をしようとする潮流ともいえる。

こう見てくれば、「魔女」たちの支持層が圧倒的に教師、学生、芸術家、プログラマーなどのホワイトカラーの社会階層に多い、ということも納得できるのではないだろうか。

しかし「魔女」が悪魔に魂を売りわたした邪悪な存在ではなく、キリスト教以前の自然宗教……すなわち「古き宗教《オールドレリージョン》」Old Religion の名残である、とする見方は、そう古いものではない。

現代の魔女たちを追うには、まず、その系譜と魔女のイメージの変遷を、ここでたどってみなければならないだろう。

1

はじまりの魔女

「魔術師」

テーブルのうえに広げられた奇術の道具からは、
さまざまな奇跡がとびだす。
小さなテーブルのうえには、
ひとつの宇宙が広がる。
その宇宙はいつもおどろきにみちていた。

ゴヤ「サバトのヤギと魔女の夜宴」

一九五一年、現代の魔女誕生

魔女とはいったい何だったのか。彼らは、魔女狩りの嵐を生きのびた哀れな女たちだったのだろうか。都市で魔女が活動しはじめたのは、いつのころからなのだろう。

現代の魔女の歴史を追っていくと、意外な事実につきあたることになった。それは、いかに「魔女」がヨーロッパのなかで深いところにまで影を残しているかを示すものでもあった。

僕は、現代の魔女の話をするときには、いつも簡単なクイズをだすことにしている。「イギリスで最後に魔女裁判がおこなわれたのはいつだと思う?」たいていの人は十七世紀とか十八世紀、といった答えをだすことが多い。答えはいずれもノーだ。驚くなかれ、イギリスで最後の魔女裁判がおこなわれたのは、一九四四年、つい七十年ほど前のことなのだ。これが、一七三五年に制定された魔女禁止令が適用された、おそらく最後の事例だ。そして、歴史とは皮肉なもので、そのことがきっかけでふたたび「魔女」が歴史の表舞台に登場することになったのであった。そのエピソードについては、現代魔女界の生き証人であるD・ヴァリアンテの『ザ・リヴァース・オブ・ウイッチクラフト』にくわしい。

以下それにしたがって紹介してみよう。

【降霊会】
さまざまな心霊現象の体験や死者との霊の交流をもとめてひらかれる会。霊媒を中心に、出席者が集まる。霊は光を恐れるというので、暗い部屋でおこなわれることが多かったが、そのためにトリックも多く使われたという。

魔女禁止令が適用されて、結局九カ月にわたる拘留を受けたのは、ヘレン・ダンカンという中年のスコットランド婦人だった。

事件は、彼女のささやかな霊的能力がきっかけになって起こる。ヘレンは、当時流行していた降霊会で、霊を体におろす霊媒をつとめていた。

ある降霊実験でのことだという。ヘレンに若い男性の船乗りの霊がおりてきた。どうやら、それは実験に参加していたある女性の息子の霊のような口ぶりだった。ヘレンの口をかりて、霊はこんなふうに語ったという。

「お母さん、僕の乗った船は沈んだよ」

そんなはずはない、と祈るように否定する母。けれど、ヘレンの口をかりて、若い船乗りの意識は断言した。

「いいや、母さん。三週間後に、船は沈んで、たくさんの人が死んだことを知るはずだよ」

予言は、三週間後、まさしく事実となる。彼の乗った、バアラム号はその時、沈んでいた。この事実が公になったのは、降霊会の三週間後のことだったのだ。

そのことがヘレンには災いした。この予言を知った人々がヘレンを告訴、八日にわたる真偽の審査の結果、ヘレンは有罪判決を受けてしまった。霊をおろす、というのは、まさにほかの世界から悪魔を呼びだして語る悪魔のしわざだ、というわけだ。

もっとも、当局は「魔術を使えると偽った」として、一種の詐欺行為として判決をくだしてはいるのだが、それでも、有罪判決をくだすよりどころとなったのが「魔女禁止令」だった点には変わりはない。

この経緯は、ヘレンの娘にあたる人によって伝えられているので「予言」の信憑性については、ややクエスチョンマークが残る。バアラム号の沈没は、公にはならなかったものの、このニュースは水面下で知られていたという向きもあるのだ。ただ、ヘレンの予言が正しかったかどうか、ということ自体は、魔女の歴史についてはあまり重要なことではない。問題は、一九四四年に魔女禁止令が適用されたことがきっかけになって、そんなカビのはえたような法律がまだ存続している、という事実が公になったということだった。

いくら詐欺だとしても、そんな時代遅れの法律に国民が納得できるはずはない。ことに、当時流行の心霊主義にひたっていた人々には、これはゆゆしき問題だった。ロンドンには、一ブロックごとに幽霊がでる場所がある、といわれている。それほどイギリス人は怪奇話が好きな国民だ。

しかも、さすがに経験主義を生んだ国だけあって、心霊現象を科学的に研究しようという動きが、十九世紀末にでてくる。サイキカル・リサーチ（イギリス心霊科学協会。S・P・R・という）なるものが一八八二年に設立されていて、ロイヤル・アカデミーの院長をつとめた物理学者ウィリアム・クルックスや哲学者にして心理学者ウィリアム・ジェイムズ、あるいは博物学者のA・R・ウォーレス、作家のコナン・ドイルといった、そうそうたる顔ぶれを有力メンバーとしてむかえていた。

そんな伝統のなかで、二十世紀のなかば、しかも戦時中の暗い世相でもさかんに降霊会がおこなわれていたのだった。

そんな状況だったから、ヘレン逮捕のニュースが伝わると、心霊主義関係者たちは、大々的に抗議行動に乗りだした。

まず、「心霊主義者ナショナル・ユニオン」なる団体が、このあわれな霊媒救出キャンペーンを展開する。

「ヘレン・ダンカンは、時代遅れで、カビのはえたような法律で告発された」この団体のキャンペーン宣言は、こうぶちあげる。同時に、各種ジャーナリズムもこの事件を取りあげた。やがて、戦争も終結し、すべてが落ちついていくころ、ついに魔女禁止令は廃止された。

一九五一年、これが現代の「魔女」の歴史の、記念すべきスタートの年となる。

魔女たちよ、ここに集え!

魔女禁止令が廃止されて直後、一九五一年の七月二十九日に『サンデー・ピクトリアル』紙は、こんな記事を掲載した。

「すべてのカブンに呼びかけて」

カブンというのは魔女たちのグループのことで、伝承のなかでは十三人をひとつの単位とする。この集団が満月の夜にひそかに集まり、さまざまな儀式を取りおこなっていると考えられていた。

その記事は、まもなく、マン島に設立されるという「迷信と魔女術の民俗学センター」のオープニングを伝えるものだった。

このいわば「魔女博物館」を設立するという計画は、セシル・ウィリアムソンなる人物によってすすめられてきたものだった。博物館が設立されるマン島のニューキャッスルという場所は、十七世紀ごろに「魔女の粉ひき小屋」があったと伝えられ、以来、ずっと魔女の伝説にいろどられた、由緒ある場所だ。魔女の古い伝承を伝え、そして、それを広く知らせるという目的をもった博物館に、これ以上ふさわしい場所はない。博物館には、魔女の護符、剣などがコレクションされ、魔女の儀式のようすが再現されていたようだ。

魔女博物館の開館式にのぞんだのは、「イギリス南部の魔女団に属する」という現代の本物の「魔女」ジェラルド・ガードナーだった。

彼こそが現代の魔女の実質上の生みの親であり、「魔女の父」ともいうべき人物だった。ガードナーとウィリアムソンは、新聞を通じて、イギリスじゅうの「魔女」


【カブン】

魔女たちが活動する単位となるグループとされる。語源は明らかではないが、宗教的な集会所を意味するcoventと関連があるといわれる。


【魔女の粉ひき小屋】

民間伝承では、粉ひき小屋は悪魔や魔女と関連づけられている。水車の機械仕掛けとその性能に悪魔的なものを見たのだろうともいわれている。

魔女博物館の展示の一部。これは、魔術伝記「黄金の夜明け」図の儀式道具

コーンウォール、ボスキャッスルの魔女博物館

たちにこう呼びかけたのだ。

「いまや、魔女を迫害する法律は何もない、魔女の粉ひき小屋にもどれ！　ともに儀式をおこなおう！」

長い魔女迫害の時期は終わった、という事実上の宣言だった。

ガードナーの呼びかけに答えた何人かの魔女たちは、ニューキャッスルに集い、そして、この記念すべき日を祝ったのだった。この博物館は、現在でも英国のコーンウォール、ボスキャッスル村に移転、現存し、多くの見学者を集めている。

魔女はどこからきたのだろうか？

ガードナーの魔女博物館に参集し、そして現在、魔女たちのスーパーマーケットを支える人々の多くは、魔女は古代の宗教であり、科学であり、生き方（ウェイ・オブ・ライフ）であると考えていた。しかし、それは本当だろうか。中世を通じて、古代のままに保存された宗教が発見されたというのなら、それは人類の歴史を書きかえる大事件である。

しかし、それにしてもおかしい。というのは、プロローグで述べたように、イギリスやアメリカには数千もの魔女のグループが活動し、すくなく見積もっても数万人の「魔女」がいることになる。ひっそりと歴史の陰で生きてきた「魔女」

がそんなにいるだろうか。それでも、どこかに、という僕の期待はあっさりと裏ぎられてしまった。あるイギリスの著名な魔女に聞いたところ、「それは神話よ」と一言でかたづけられてしまったのである。

ハロウィンやクリスマスといったかたちで、古い宗教が生きのびているのは、事実である。だが、それは魔女たちが主張したような組織宗教のようなかたちではなかった。歴史家ノーマン・コーンは、魔女狩りの史料を詳細に分析し、「中世を通じて、実際に魔女たちの集まり（サバト）などがおこなわれたと思われるような証拠は何ひとつとしてない」といっている。つまり、現代はおろか、中世にも「魔女」はいなかった、というのが専門家の見解なのだ。

現代を代表する魔女スターホークは、現代の魔女術は、「復活」ではなくて、魔女の宗教の「再《リ》・創造《クリエイション》」だとはっきりという。つまり、はやい話が、でっちあげ、ということなのだ。

しかし、古代宗教が残存しているものではなかったにしても、これはとても大きなことだと僕は思う。魔女たちは、なぜ千数百年にわたってヨーロッパの倫理を支えてきたキリスト教のイメージを打ちくだこうとしているのか。

魔女のムーブメントは、いわゆる、カウンターカルチャーと歩調をあわせるかたちで登場してきた。推理小説の犯人を先にいってしまうようで気がひけるが、ヒッピーたちがインドに「人間本来のありよう」を発見したのと同じように、魔女たちは自分たちの幻想の過去に何かを発見したのだ。

いったい、このような価値の大転換はどこから、どのようにしておこってきたのだろうか。現代の魔女の「再・創造」の歴史をここで追ってみるのも、むだではないだろう。

今日のガードナー的「魔女」観の成立までには、幾人かのユニークな先駆者がいる。なかでも、影響が大きい人物をあげるなら、ミシュレ、チャールズ・リーランドとマーガレット・ミューレイ（ないしマレー）の三人だろう。

ミシュレはあまりに有名な歴史家だが、その古典的名著『魔女』において、彼は、魔女とは古代の異教的宗教がキリスト教権力によって抑圧されたものだと、熱っぽくそして美しく語った。

いっぽう、ミシュレの影響を深く受けたリーランドは、イタリアに残る魔女の宗教を取材し、そしてその秘伝書を受けとったと主張した人物であり、またミューレイは、魔女が旧石器時代にさかのぼる宗教である、と、はじめてまとまった説をだし、学会に一大センセーションを引き起こした現代魔女復興の陰の立役者だ。

民俗学者と魔女の出会い

チャールズ・ゴッドフリー・リーランドは、ジプシーの間で、あるいはインド

【ミシュレ　Jules Michelet　一七九八～一八七四】
フランスの歴史家。民主的、反教会的な視点から歴史を語った。

【ジプシー】

ヨーロッパを中心に古くから各国に散財する少数民族。薬草採りや占い、金属加工や大道芸などに従事することが多い。軽蔑的な「ジプシー」に対して、近年では彼ら自身の呼称をとってロマニーなどとよばれる。

などでおこなわれている魔術や占いを採集、研究した民俗史家として知られており、邦訳もでた『ジプシーの魔術と占い』などの著作があるほか、ジプシー研究の雑誌なども発行している。

だが、現代の魔女術の復興という面からみると、何といっても『アラディアもしくは魔女の福音書』を発表したということを第一の業績としてあげなければならないだろう。これはおそらく、リーランド最後の著作であり、しかも、もっとも問題をはらんだ作品なのだ。

リーランドは一八二四年八月十五日、アメリカのフィラデルフィアに生まれた。父方の家系は、白人として最初にニューイングランドに定住したピューリタンであったが、リーランドの信じるところでは、おそらく母方の家系を通じて、ジプシーの妖術使いの血が一部流れているという。

好奇心が旺盛で、パイオニア精神にあふれたリーランドは、プリンストン大学をでて、マインツ、ハイデルベルクに学んだあとに、象牙の塔をとびだして世界各地をとびまわり、フォークロアの収集にエネルギーをそそいだ。リーランドはジプシーの言語を学び、いまでいうフィールドワークを精力的におこなったと伝えられる。

リーランドは、フィールドでその地の人々と深い関係(ラポール)をつくることには非常にたけていたようだ。ジプシーの社会はリーランドを受けいれ、そし

マッダレーナ

て彼を「ロマニー・ライ」、つまり、ジプシーではないけれどもジプシーと深くかかわる者、という名称で呼んだという。

そんなリーランドが決定的な出会いをするのは、一八八六年、イタリアでのことであった。彼は、ここで一人の「魔女」と出会う。その女性の本名を、リーランドは明かしてはいない。彼は著作のなかでは、つねに彼女をマッダレーナと呼んでいる。

リーランド自身の言葉では、マッダレーナは「イギリスでならジプシーとみられるかもしれないような風貌の若い女性だが、イタリアでは、その顔にある神秘的なムードと、そして魔女として、何ともいえない優美さをうかべているところから、古代エトルリアの血を引いていることがわかった」神秘的な女性である。

その経歴はほとんど謎に包まれていて、実在そのものをうたがう者もいるほどだが、マッダレーナとこの民俗学者とのドラマは、リーランドやリーランドの伝記作家の話をまとめると、おおよそ次のようになる。

イタリア西北部のトスカーナに生まれ育ったマッダレーナは、いつしか、自分が魔女の家系に生まれていたことを知った。

幼いころから彼女は、やはり魔女である祖母、叔母、そして義母から連綿と続く信仰、神話、魔術を伝えられた。そのなかには、古代のエトルリアで信仰されていた神々を崇める、奇妙な賛歌や召喚の方法がふくまれていたという。

リーランドの描く魔女

マッダレーナの話すストレンジな魔術の伝承は、リーランドの心をいたく刺激したにちがいない。彼は熱心に情報を集めた。

また、マッダレーナ自身も内に活発な知性を秘めた娘だったようだ。マッダレーナにとっても、教養ある人物が、自分の信仰をばかにもせず、またヒステリックに改宗をせまりもせず、好奇心をもって話を聞いてくれるということ自体が、大きな楽しみになったにちがいない。

六十歳をこえたリーランドと、若い娘マッダレーナのあいだのふしぎな関係は、こうしてますます親密なものになっていく。

そして、マッダレーナは、ついに、彼女の信仰の秘伝書である『アラディア』（のちに『魔女の福音書』と称されることになる）の写本をリーランドの手元に持参する。リーランドはそのときの喜びをこう懐古している。

「一八八六年頃、私はイタリアン・ウイッチクラフトの教えを記述した写本が存在するということを知った。そして、もし可能ならその写本のひとつを私のために手にいれてくれるようにも約束をかわした。けれども、私は長らくその件に関しては失望させられ続けていた。

しかし、私の情報提供者であるマッダレーナに強く要望を繰りかえしたことで、マッダレーナはトスカーナ地方をあちこちまわって、そのようなものを入手するか、再現する努力をし、ついに、私は彼女を通じて一八九七年一月一日、シエナに近いコレ・ヴァル・デルサで『アラディアもしくは魔女の福音書』という写本を入手するにいたったのである」(『アラディア』付録1)。

写本はマッダレーナの手書きによるものであった。全十五章からなるこの写本のなかには、大いなる女神ディアナを中心とする神話、そして魔女たちの集会や儀礼としての食事、宴などの数々がふくまれている。

リーランドによれば、それが何か記述されていたものをもとにしたのか、あるいは口承によるものかははっきりしないが、たぶん、後者のものだろうという。

魔女は女神だった

『アラディア』はじつに奇妙な、しかし興味ぶかい神話の集成だが、そこでとくに重要な点は、魔女たちの宗教を、ヴィッカ・リレージョン、すなわち「古き宗教」とはっきりと打ちだしてきており(その宗教は男性神を中心とするキリスト教に対して、女神を主神とするものであった)、しかもそれが現代にいたるまで細々とではあるが、とぎれずに伝わってきている、その証拠としてリーランドが用いたということだ。

現代の魔女ムーブメントで、魔女たちは好んで自分たちのより所を「Old Religion」と呼ぶが、これがリーランドの、この書物からインスパイアされたものにちがいない。

マッダレーナが入手した『アラディア』は、魔女たちの神アラディア（ヘロディアスの別名）から取られている。

『アラディア』で語られる神話は、じつに印象的であり、また決定的な影響を現代の魔女運動にあたえている。アウトラインをここで紹介しよう。

『アラディア』を通じて語られる「古き宗教」の主神は、ディアナ、大いなる原女神だ。これは、男性原理を前面に打ちだすキリスト教とはまったく異なる点となる。

『アラディア』第三章、「いかにディアナが星と雨を創ったか」の部分には、女神の優位性がはっきりと、こう示されている。

「ディアナはあらゆる創造の以前に、最初に創造された。彼女のうちに、すべてがあった。彼女は自身から、最初の闇を分けた。その最初の闇を、彼女は光と闇に分けた。ルシファー、彼女の兄弟であり息子であるものと彼女自身に。彼女のもうひとつの部分は、光であった」

この神話が本当に古代から伝わったものかどうかは別にして、これはじつにみごとで、そして美しい物語である。現代の魔女術世界の重鎮であるD・ヴァリアンテは、この部分をさして、「（アラディアの）教え全体のなかの、キーセンテンスといえるであろう」と述べているが、まったく同感だ。

【女神ディアナ】
ローマ神話の月と狩猟の女神。ギリシア神話のアルテミスの神格を引きついだもの。現代の魔女たちにとっては中心的な存在であり、その魔力、自立性、尊厳などの源となっている。

『アラディア』において特徴的なのは、世界の分化をうながすのは男性の神ではなく、ディアナという女神である点、そしてルシファーは彼女の兄弟であり、また息子であるという点である。ここからエジプトのイシスとオシリスの関係や母=鬼子的な姉弟としてのアマテラス=スサノオを思いだす方もいようが、それは母権的な意識のあり方に即応していると思われる。

また、女神に象徴される「闇」にはまったく悪の観念は結びつけられておらず、むしろ、光と闇は陰と陽のバランスのような相互補完的な関係が見えることも注目すべきだろう。

しかも、光と闇は分化したままではなかった。

闇であるディアナは、地上に「落ちた光」である兄弟ルシファーとひとつになろうと欲する。ルシファーは、地上の生命のなかでもっとも美しい「猫」をこよなく愛していたので、女神ディアナは猫の姿となってルシファーの床に入り、そしてまじわった。

こうしてあらわれたのが、魔女たちの女神アラディアである。さらに、ディアナとルシファーは、ふたつの原理としてあらゆるものを生みだす。

「すべての人の命はディアナの車輪からつむぎだされる。その車輪をまわすのは、ルシファーである」

やがて地上には、死すべき人間たちが増えはじめたが、彼らは富めるものと貧しきものの両極に分かれ、富めるものは貧しきものを「奴隷」にし、残酷に扱いはじめた。貧しきものは、その支配からのがれるために山や森にのがれ、またそのなかで山賊ともなっていった。ここでいう「富めるもの」とはクリスチャン、そして貧しきものとは「田舎もの」（ペイガン）、すなわち魔女たちである。

母なる女神はその状況に心をいため、みずからの娘であるアラディアを復讐のメシアとして地上におくることを決意する。

ディアナは、彼女の娘アラディアにこう告げた。

「まことにお前は、（不死なる）霊の子です。けれど、もう一度、死すべきものとして（地上に）生まれるのです。……

お前は、知られる最初の魔女となるのです。

お前は、世界のすべてのうちの第一のものとなるのです。

お前は、毒の術を教えるのです。……

そして、抑圧者の魂を呪縛するのです。……」

また、アラディアも宣言する。

「私はすべての悪しきものをほろぼす！」

アラディアは、抑圧される男女に魔女の術を教えた。またキリスト教に対抗するようにも、ディアナはアラディアに伝えている。アラディアは、被抑圧者たちのルサンチマン（怨念）をはらす、おそるべき復讐のメシアだったのだ。

ディアナ神礼拝図

【ルシファー】
原意は「光の運び手」、キリスト教では悪魔の王とされる。元来は美しい天使であったルシファーは、傲慢の罪で天から落とされたという。

しかし、死すべきものとして地上に生まれたアラディアには、やがて天へと帰還すべきときがくる。そののち、ふたたび貧しいディアナの民が困ったとき、アラディアは満月の光のもとに裸で集い、大いなる母に救いを求めよ、というメッセージを残す。

「われ地上を去りし後
月に一度、月満ちる夜
寂しげな場所または深き森に集い
力強き、汝らが女王
わが母、おおいなるディアナの霊を崇めよ
あらゆる妖術を学びしも、まだ真の秘密を知らざるものには
わが母は未だ知られざるすべてを真に伝えん
かくして、汝、隷属より自由とならん
汝、すべてのことより自由とならん
汝、すべてのことより自由となった証として
男も女も、儀礼の際に裸体たるべし
これら、すべての抑圧者が絶えるその日まで、続けるべし
そののちに、ベネベントの遊戯をなし

イシス（右）とオシリスイシスは古代エジプトの女神で、オシリスの妹であると同時に、妻でもあった。オシリスは死と復活および死者を司る神。

明かりを消して、かくのごとく、夕餉を受けるべし……」

「ベネベントの遊戯」の内容は明かではないが、現代の魔女たちの一部は野外セックスをふくむ儀礼だと解釈している。また、そののちにとられる食事は、三日月のかたちをしたケーキであり「ディアナの体、血、魂」を象徴するものだ。現代の魔女たちは、集会で塩の入っていない、ムーンライト・ケーキ（月光のケーキ）を用いるが、この『アラディア』からヒントを得たものだろう。

満月の夜に魔女たちが裸で集まり、そして性交をふくむ宴をくり広げ、食事をする。まさに、魔女裁判で告白された魔女のサバトのイメージに引きうつしだ。おそらく、これはリーランドやマッダレーナが魔女裁判の記録に影響を受けていたためにつくられたものであろうが、ここで注意したいのは、これは邪悪な悪魔への祈りではなく、被抑圧者の祈りとして正当化されている点だ。

最初の秘伝書

『アラディア』は本当に古代・中世の魔女たちの神話だったのだろうか。またもや、答えはノーだ。

研究家ラッセルは、『アラディア』は「魔法、中世の異端、魔女狩りの時代の概念、

【セオソフィ（神智学）】
ロシア出身の霊媒ブラヴァツキー夫人（右）によって創始された神秘思想運動。神智学はのち世界的に発展し、現代のニューエイジ文化の母体となる。

政治的急進主義の混合物」としている。これは、ラッセルだけではなく、多くの研究家の一致した見解だ。

リーランドは、何よりもミシュレの熱狂的な支持者であった。ミシュレは、『魔女』のなかで教会と王権へのはげしい敵意を展開し、魔女とはその犠牲者となった女たちのことだとしている。

『アラディア』のなかの「被抑圧者」としての魔女のイメージは、まさにミシュレのそれと一致する。フィールドワークをする学者がときに起こしてしまうように、リーランドはマッダレーナの話すたどたどしい魔法の話のなかから、おそらく自分の求めているものを熱狂的に「読みとって」しまったのだろう。

だが、この「魔女の秘伝書」はじつによくできていた。そして、このリーランドの夢想は、のちにミューレイという大学者によって現代によみがえることになる。

一九二一年『西欧の魔女術』刊行

リーランドのまいた「魔女神話」の種は、しかし本格的に芽をだすためには、あと半世紀近く待たねばならなかった。

十九世紀末から二十世紀初頭にかけては、ヨーロッパではオカルト・ムーブメントがきわめてにさかんになった時代である。ブラヴァツキー夫人が主導したセ

【ゴールデン・ドーン】
一八八八年にロンドンで設立された魔術結社。近代の魔術結社の母体といわれ、ユダヤ教神秘主義の基本図形「生命の木」をもとに儀式を創造した。

【グラストンベリー】

オソフィ（神智学）、それにイギリスのゴールデン・ドーン（黄金の夜明け）の儀式魔術復興運動、さらにサイキカル・リサーチ（心霊科学協会）のスピリチュアリスムなどが入り乱れていた時代であったといえる。しかし、彼らがひめられたる英知の源泉としていたのは、おおよそ原始ヨーロッパではなかった。セオソフィは、東洋の見えない達人から霊的メッセージを受けとっていると主張し、ゴールデン・ドーンはセオソフィの東洋指向を否定し、薔薇十字とカバラをかかげて「西洋の道」を探求しようとした。そのルーツは、ルネサンスのネオ・プラトニズムやヘルメス思想であろう。また、サイキカル・リサーチは実験的、科学的方法を援用し、霊に対して合理主義のメスを入れようとしていた。

つまり、世紀末から二十世紀初頭にかけてのイギリスでは、それぞれの趣向の持ち主がそれぞれのスタンスで、霊的世界を探求しようとしていたというわけだ。そんななかで、マーガレット・アリス・ミューレイの魔女理論が登場したときの衝撃は大きかった。ミューレイは、魔女たちは古代宗教の信仰を守る存在だと、はじめてアカデミックな立場で主張したといえる学者だからだ。

ミューレイは、一八六三年七月十三日、カルカッタで生まれている。

エジプト学者として、また考古学者として、アカデミズムの場でも大いに認められたミューレイは、ロンドンのユニバーシティ・カレッジで助教授の職についたほか、エジプト、マルタ、パレスチナ、そしてイギリス内の古代遺跡など、広

【カバラ　Kabbalah】
「受けとられたもの」をあらわす。ユダヤ教の神秘主義で、膨大な文献と思想を内包する。十八、十九世紀には近代魔術のシステムとしてのカバラが成立した。

【有角神】
現代の魔女信仰のなかで女神と対をなす神格で、森、動物、狩猟の神。女神の月に対して太陽をあらわす。

く遺跡の発掘に足をのばしている。

そのなかで、やがてミューレイは魔女裁判の記録に興味をもつようになる。一説には、イギリスのグラストンベリーで、一人の「魔女」の末裔に出会ったことがその直接のきっかけになった、という話も伝わってはいる。

ちなみに、グラストンベリーは、アーサー王が死後運ばれたというケルトの楽園アヴァロンと推定されている場所で、現在ではイギリスにおけるニューエイジ運動のひとつの中心スポットになっている。

一九二一年の彼女の魔女に関する最初の著作『西洋の魔女術』の出版は、大きなセンセーションを巻き起こすことになった。ミューレイは、中世やルネサンスに存在した魔女術とは、けっしてキリスト教の異端だったのではなく、それは古代の宗教、異教だったという、これまでに紹介してきた見方を、はじめて体系的なかたちでとなえたのだ。

ミューレイの説によれば、驚くなかれ、旧石器時代に起源をもつ魔女たちの異教が、ほとんどそのままのかたちでヨーロッパの中世を通じて生きのびていたという。彼らが崇めるのは、キリスト教のような絶対神ではなく、有角の自然神であり、その宗教は独自で、高度な組織と儀礼をもつ集団だった。

ミューレイは、その宗教を「ディアナ・カルト」と呼んだが、むしろ、ミューレイにとって「魔女の神」は、ギリシアの牧神やエジプトの獣頭神に似た、男性

【ケルトの楽園アヴァロン】
アーサー王が死後運ばれたというケルトの伝説の楽園。永遠に花が咲き乱れる西方浄土である。

神の姿で立ちあらわれてくるものだった。

彼らが崇める豊穣の有角神は、その起源を旧石器時代にまでさかのぼる。狩猟を中心に生活をしていた旧石器時代の社会ではもちろん、牧畜生活をするようになった新石器時代、そして青銅器時代を通じて、牛、鹿など角ある生きものは彼らの生活をささえるすべてであった。それらが自然に神格化されていったとしても、何のふしぎもないであろう、とミューレイはいう。

たとえば、エジプトの獣頭の神や地中海地方のミノタウロス、牧羊神パン、ケルトのケルノヌスなどは、いずれもそんな神々だ。

やがて、その自然宗教は組織化されていく。その宗教《カルト》は「カブン」とよばれる十三人からなる集団（十二人のメンバーに、一人のリーダーを加える）をひとつの単位としてヨーロッパのほぼ全域に広がっていた。彼らは、一年に八度、サバトと呼ばれる季節の祭儀をおこない、豊穣を祈ってきた。

この十三という数字は、たとえば、アーサー王の円卓の騎士、ロビンフッドの仲間たちといったかたちでヨーロッパの民間伝承のなかには、じつにしばしば登場するが、それは、いずれも魔女の宗教の系譜をひそかに引いている証拠だ。

カブンのリーダーはグランド・マスターとよばれ、神の地上における代理人、あるいは神の化身そのものである。それを補佐するのは、男性一人の補佐官と女性の「メイデン」（乙女）、あるいは、「妖精の女王」であった。彼らは、ほかのメ

【13】一般にヨーロッパでは不吉な数といわれているが、これを魔女と積極的にむすびつけたのがミューレイだった。ミューレイは、魔女のグループは13人をもとに構成されていたと仮説をたてる。魔女たちは13は黒魔術の数ではなく、一年をめぐってくる満月の数だと解釈している。

ンバーたちを歌とおどりにさそっていく。魔法は、リズムと輪舞からつむぎださ れる。歓喜と歌が、彼らの宗教でもっとも重要な要素だ。

また、リーランドの『アラディア』に登場したような、月に一度の満月の集会は「エスバト」と呼ばれている。

十三人の集団のリーダーは、そうした素朴な儀式、集会を取りしきるが、その際には角をもつ神の仮面をかぶった。教会の魔女裁判の記録で、「悪魔が取りしきる夜の集会に参加した」とあるのは、まさにこの姿を本物の悪魔と見間違えたものだ。古い神は、キリスト教からみたときに「悪魔」となったり、あるいは妖精ともなっていった。さらに、魔女の宗教のメンバーのほうも、時代とともに、リーダーを「悪魔」と呼ぶようになっていった。

たとえば、石器時代の壁画に見られる動物の姿の神は、魔女信仰で用いられるのと類似したマスクであるという。イギリスにおいて、動物のすがたをした神に「変身」するという風習のもっとも古い記録は、ミューレイによれば、七世紀後期の教会文書に「鹿や牡牛のようにふるまう人々を、三年のあいだにわたって懺悔させた。それは、悪魔的なことだからである」と記すものだという。

また、「悪魔」の役を儀式においてつとめる祭司王は、老いると儀礼的に殺害された。王の生命力は、そのまま共同体、あるいは大地の生命力とみなされたからである。王の歯がぬけたり、あるいは性的な能力が減退するなど、王の生命力の低下がみとめられた場合には、その王は殺害され、そして新たな王がその座につかねばならない。古い王の死体は、大地にまかれ、ふたたび大地の豊穣の力を復活させるべく用いられる。

王の殺害は、イギリスでは七年ごとに、スカンジナビアでは九年のサイクルでおこなわれた、とミューレイは推測する。

読者の方は、このモチーフがフレイザーの『金枝篇』のセオリーと類似していることを容易に読みとれるだろう。リーランドのインスピレーションの源泉がミシュレだったとすれば、ミューレイの魔女イメージの原型は、フレイザーが描きだした、ネミ湖のほとりでのディアナの血なまぐさい宗教儀礼だったのだ。

フレイザーの大著『金枝篇』は、聖なる王の犠牲を描くところからはじまる。「この聖森のなかにはある一本の木が茂っており、その周囲を物凄い人影が昼間はいつも、そして多分は夜も遅くまで徘徊するのが見受けられた。手には抜き身の剣をたずさえ、いつ何時、敵の襲撃を受けるかもしれぬというように、油断なくあたりを睨んでいるのだった。彼は祭司であり、同時に殺人者であった。彼がいま警戒している人は、遅かれ早かれ、彼を殺して代わりに王になるはずであった。これこそ、そこの聖所の規則であったのである。祭司の候補者は祭司を殺すことによってのみ、その職を継承することができ、彼を殺して祭司となれば、より強くさらに老獪な者によって自分自身が殺されるまで、その職を保つのであった。この不安定な享有権によって彼の保つ地位は、王の称号をもあわせ有していた」（永橋卓介氏の訳による）。

ミューレイの時代は、フレイザーの説が一世を風靡していたときのことだったし、ミューレイ自身、フレイザーをしばしば引用している。のちの歴史家がミューレイを「フレイザーのデフォルメ」と称したのも当然かもしれない。

ミューレイにいわせれば、しかもこの殺害された王は、じつに歴史の表舞台に立った人々でもあった。

魔女の宗教の構成員は、リーランドの『アラディア』では「貧しきもの」にかぎられており、階級差へのルサンチマンをはらすべき武器として、魔女術が用いられていた。しかしミューレイの理論では、「魔女はもっとも高い階級から低い階級にいたるまで、社会のあらゆる層から」構成されている。キリスト教と異教の対立の図式は、貧しく、無力な民衆対権力者という構図ではなく、ミューレイにとっては、異教は相当新しい時期にいたるまで、キリスト教とまったく対抗できるほどの勢力であった。一〇六六年のノルマン・コンクエスト以前には、じつはキリスト教の聖職者さえもが、異教を完全には捨ててはいなかったし、そののちも社会的にかなり高い階層にまで異教は存続していたとみられている。

一九三三年の『魔女たちの神』、一九五四年の『イギリスの神聖王』では、さらに大胆な説が展開されていく。実際に、ヨーロッパでは歴史の表舞台に立ったさまざまな人物、そう、まさしく「王」たちは、じつはかくれた魔女だった、というのである。

たとえば、ウィリアム・ルフス（赤顔王、在位一〇八七〜一一〇〇）の例をミューレイは真っ先にあげる。ルフスは、聖職者アンセルムスと敵対し、教会の勢力を抑えようとしたことでも知られるが、それこそルフス王が異教の側の人間であったことの証左である。しかもルフスの死期は、多くの人々に予言されていた。歴史のうえでは、ルフスは鹿狩りの途中、あやまって放たれた矢にあたって死亡したことになっている。

だが、ふしぎなことにルフスの死は、イギリスから遠くはなれたヨーロッパの地で予言されるか、あるいはそうでなくとも死のニュースは、その直後に伝わっていたという。ミューレイによればベルギーのクルグニイ僧院のペーターなる人物は、何者かによって王の死の前日に、王の死期が近いことを警告されていたというのだ。

また、コーンウォールのある伯爵は、森を散策中に、王の像をのせたふしぎな黒い山羊に出会った、という。その山羊は、王を罰するためにあらわれた悪魔だとみずからの正体をあかしたという。

さらに、ルフスが死亡したのが、八月二日だったというのも、ミューレイには見逃せない点だった。八月二日は、八月一日におこなわれる「ラマス」の祭りの

【ジャンヌ・ダルク 一四一二～一四三一】

【ジル・ド・レー 一四〇四～一四四〇】 別名「オルレアンの青ひげ」。大貴族でジャンヌ・ダルクを助け武勲をたてたが、異端として処刑された。

翌日にあたる。夏至と秋分のちょうど中間にあたるこの日は、後で述べるように年に八回ある魔女のサバトの日のひとつで、このときにこそ、魔女たちの犠牲がおこなわれていたという。とするなら、推測できることはただひとつ。ルフスは組織的なカルトによって、犠牲にされる王として殺害されたのだ。

ミューレイが『魔女の神』のなかでいうには、中世の聖職者ベケットやあのジャンヌ・ダルク、ジル・ド・レーなどはいずれも犠牲にされる王として殺害されたのである。ミューレイが晩年に発表した『イギリスの神聖王』では、さらにこの説が推し進められ、ウィリアム征服王からスチュアート王朝の創始者ジェームズ一世までの王がすべてかくれた魔女であった、とされているのだ。

ミューレイのロマンチックな説は、大きな反論を巻き起こした。もちろん、ほとんどすべてのイギリス王が「魔女」であったというようなところまでいけば、ミューレイ批判者ならずとも、九十歳をこえてからのこの著作を、なかば哀れみをもってみたくなるのも当然だろう。

しかし、ミューレイの魔女＝ディアナ・カルト説は、たとえば、『エンサイクロペディア・ブリタニカ』の「魔女」の項に、ミューレイ自身の手によって「あたかもすでに確証された事実であるかのように」（ノーマン・コーン）数十年にわたって紹介されてきたこともあって、大いに流布せられた。

そして、それが「魔女の父」、ジェラルド・ガードナーの登場をうながす契機になるのである。先に紹介した、「魔女博物館」の設立に深くかかわり、そして、実質的に魔女術を復活させた立役者だ。

2

魔法円の内で

「月」

こうこうと満月がかがやき、犬や狼がほえたてる。
昼間のまぶしい太陽ではなく、
月はやわらかな光をはなつ女神。
人もその光のもとでつかの間の休息をとる。

「魔女の父」ガードナー

ミシュレやリーランドのいう「古き宗教」としての魔女は、ミューレイの学説によってその姿をより明確に現しはじめた。そして、「魔女の父」ジェラルド・ガードナーの出現によって、魔女たちが歴史の夢想のなかから、この現実の世界へと呼びおこされたのだ。

ガードナーは、太古の異教がじつは現在にまで細々と生き残っており、古い知恵を現在にまで伝えている、と主張したのである。ミューレイ自身も、ガードナーの著作の序文を書いているくらいだから、ガードナーの主張をほぼ、全面的に受けいれたとみていいだろう。

ガードナーは、自身が古い魔女の宗教《カルト》に参入した、と主張を続ける。それを受けて、各地からわれもわれも、とばかりに「魔女」たちがあらわれはじめた。おりしも、先に述べたように、「魔女禁止令」が廃止された直後である。これが現代の、魔女運動の直接のはじまりになった。

ジェラルド・ブロッソー・ガードナーは、一八八四年六月十三日の金曜日にリバプール近くで生まれている。

幼いころ、小児喘息に苦しめられていたガードナーは、転地療法として、南へ、南へと旅する。ガードナーの乳母であり、教育係でもあったジョセフィーヌ・マ

【オカルト】
ラテン語のoccultum（隠されたもの）に由来する語で、ヨーロッパでは16世紀から使われ始めた

【フリーメイソン】
宗教的・政治的な国際秘密結社。独自の儀式体系をもっているころからオカルティズムとも深くかかわる。

クビーに連れられ、ヨーロッパを転々とし、そしてついにはインドのセイロンにまでいく。そこでプランテーションの仕事などにたずさわり、さらにはマレーシア、ボルネオなどにも足をのばす。

ガードナーは、アジアの宗教、風俗、そして品物、とくに刀剣類に強烈な衝撃を受けた。彼はアジアの刀剣類のコレクターとしても知られており、その方面の著作も残しているくらいである。

おそらくそうした異文化体験が、内なる異文化、すなわちヨーロッパのなかの古き宗教への関心を高めていったのだろう。

ガードナーが、「魔女」との邂逅をはたすのは、一九三九年、定年退職後、イギリスにもどってきてからのことである。とき、あたかも大戦前夜のことだった。

オカルトに関心をもっており、フリーメイソンや薔薇十字系のオカルトグループにみずから参加していたガードナーは、古くからの魔女の術を継承しているグループが存在していることを知るようになった。ガードナーは、その魔女たちの宗教がプリミティブではあるが、しかし生命力にあふれたものであると直感したにちがいない。東洋の未開の地で、素朴だが力強い宗教にふれていたガードナーにとって、自然信仰は目新しいものではなかったはずだ。人類がまだ若かったころの、あの豊かで古い信仰がヨーロッパにも残っている！　ガードナーの心はふるえた。

だが、過去のいまわしい魔女狩りの影におびえていたためだろうか。魔女たちは、なかなかその姿をあらわそうとしない。けれどガードナーの熱意は依然として冷めない。

ついに、ガードナーは現在にまで存続する魔女のグループをイギリス南部のニューフォレストに発見する。そして、彼らとともにガードナーは歌い、おどり、祈り、ついに秘儀参入を許されるまでになったという。彼を魔女のグループに引きいれたのは、オルド・ドロシーという、なぞに包まれた魔女である。そこでガードナーは、魔女の術のすべてを書いたという『影の書』を受けとり、そして、その魔女の宗教を紹介する一連の著作を発表しはじめるのだ。またそのかたわら、ガードナーは実際の「魔女」としてカブンを率い、次々に志願者にイニシエーションをさずけていく。

魔女はあらゆるところにいた

ガードナーにとって、魔女とは、ミューレイのような、もはや消えたなぞの古代カルトではなく、現代にまで続く生きた伝統だった。だがそれは、沈みゆく太陽の宗教であった。古きよき時代には、魔女は世界中に、普遍的に存在していた。ガードナーは、哀しいロマンチシズムにかきたてられたように筆を運ぶ。

【妖精】
一説によれば、妖精はもはや信仰をあつめることのなくなった古代の神が矮小化されてなったものという。本来、妖精は一神教のキリスト教とは縁のないものである。

「どの国にも、いつの時代にも、魔女は存在していた。治療法、媚薬、お守り、そしてときには毒の知識にも通じていた男女のことである。ときに彼らは憎まれ、ときに愛された。ときに彼らは尊敬を集め、ときに迫害された。彼らは、精霊、死者、そしてときには、小さな神々の世界と接触すると信じられ、また自身でもそう主張してきた。……そのような人々は、一時、妖精とか小さな人々と呼ばれるようになり、やがては、魔女と呼ばれるようになったのだ……」

けれど、キリスト教と啓蒙主義が世界を圧倒したいま、もはや魔女たちが月を崇めるために集うべき荒野も、そして、それを認める感性にあふれた魂も消えつつあるようにガードナーは思えた。

このままでは、世界中の多くのマイノリティーの文化が近代の波にさらわれて消えていったように、魔女たちの知恵もとだえていくだろう。いや、もはや、それをとめることはできない、歴史を逆行させることはできないのだ……。

ガードナーは哀愁をこめて、魔女たちに別れの言葉をおくろうとしているようにみえる。

「魔女には、さよならをいわねばならないだろう。この宗教は、残念だが、もはや消えいく運命にある。現代的な生活環境、住宅不足、核家族化、そして何より、現代の教育のために。もはや、現代の子供は魔法に興味をもたない。彼らは、魔女なんてものはすべて偽物だと知っているのだから……」

だが、魔女たちは、魔女の宗教についての出版をのぞんではいなかった。彼らは、ただしずかに、だれにも邪魔されることなく、彼らの祈りを続けることをのぞんでいた。しかしガードナーは、あるとき魔女にこう持ちかけたことがある。

「どうしてこれらのすばらしい知識を秘密にしておくのです？　もはや、魔女迫害はないのですよ」

魔女は答えた。

「本当にそうお思いですか。もし私の住んでいる村で、私が魔女だということがばれたら、だれかの鶏が死ぬたびに、だれかの子供が病気になるたびに、私のせいになるでしょう」

歴史は一枚岩でできているのではない。都市のなかと、そしてヒースの丘にひっそりと暮らす人々は、異なる時間を生きている。ガードナーは人類学的興味をいだく知識人だ。すくなくとも、本人はそう考えていた。ガードナーは、このたそがれのなかの、「死にゆく宗教」である魔女の宗教を、書物にすべく、魔女たちの許可を懇願した。

魔女の教儀や儀式などは、はるか古代に起源を有するという魔女の秘伝書『影の書』にすべて筆写されている。魔女のグループにイニシエートされたガードナーは、『影の書』の奥義をすべて習得していた。ガードナーは許される範囲内で、まずはフィクションというかたちで、そしてのちに『今日の魔女術』『魔女術の意味』

といったまとまった著作のかたちで、この沈みゆく宗教の残り香をとどめようとしたのであった。

受けつがれる信仰と活動

以上が、ガードナーが主張した物語である。ガードナーは、しかし、自分の著作が残したパラドキシカルな結果をみることなく、一九六四年、世界観光旅行中に船上で突然の死を迎える。ガードナーの主張は、いまではすくなくとも大部分は捏造であることがわかっている。しかし、その主張は意外な結果を引きおこしたのだ。

ガードナーは、魔女の宗教を死にゆくものだととらえていた。そして、ノスタルジーをこめて、魔女への熱いエレジーをおくっていた。しかし、現在、冒頭でみたように、欧米の大都市には、魔女たちが集まる店が繁盛し、そして魔女を養成するためのワークショップが毎週のように開かれるようになっている。オカルトブームと呼ばれて久しいが、そのなかでも魔女術は、大きな一角をしめるジャンルなのだ。

それらはすべて、じつにガードナーの著作と活動に由来する。ガードナー自身、まとまった魔女の手引書を残したわけではないが、その著作のなかには、多くの現在の「魔女」たちが自分たちの信仰と活動のキーワードとする重要な概念がほとんどすべてみられるのだ。ガードナーは、現代の「魔女の父」と呼ばれるが、それは文字どおりに受けとって間違いではないだろう。

ガードナーが、ヒースの丘に沈むたそがれの宗教だと考え、想像していた魔女術は、彼の著作によって、メトロポリスのなかで再びよみがえった。

まずはガードナー自身が魔女としてイニシエートした人々（ガードナー派の魔女たち）が、続いてその影響を受けた多くの魔女たちが誕生したのだった。

ここで、そうした魔女たちが引く、重要なキーワードを列挙しつつ、現代の魔女信仰をみてゆくことにしよう。

『影の書』

これは、おそらくガードナーが「復活」させた（あるいは創作した）魔女の用語のなかでももっとも重要なものであろう。「ブック・オブ・シャドウ」つまり『影の書』は、魔女の儀式の式次第、呪文、女神への祝福などがしたためられた、魔女版「秘伝書」である。ガードナーによれば、その第一ページにはこのように書かれている。

「この書は、汝自身の手によってしたため続けられねばならぬ。もし、汝の兄弟姉妹（注・カブンメンバーのこと）が望むのであれば、筆写させてもよいが、しかし、この書を自分の手からはなしてはならぬ。また、だれかほかの者に書かせてもならぬ……」

ガードナーの記述をみると、いかに中世の魔女たちが魔女狩りの拷問におびえていたかが、うかがえるようになっている。魔女たちは、自分たちの秘伝書がけっして表にでないように細心の注意をはらっていた。もし、それが表にでると、彼らが「魔女」であるというまさに動かぬ証拠となるからだ。

また、続けてガードナーの『影の書』は万が一、魔女の嫌疑をかけられたときに、どのような態度をとればよいのかをことこまかに指示している。「まずは、自分たちが見たり、聞いたりしたのは〝悪夢〟であって、現実のできごとではないといえ。それから、どんなことがあっても、ほかのメンバーのことは口外するな。もし、汝が心を強くし、そして誓いを守るなら、魔女たちの結社はかならず、汝を救いだすであろう。われらが結社は強力なのだ。けれど、もし裏ぎるようなことがあれば、この世はむろん、来世においても、汝の魂に救いはないであろう……」

このあとには、魔女の信仰や、儀式などの子細がしたためられている、というわけである。

魔女の宗教は「聖典」をもたないことをひとつの大きな特色としている。『影の書』の内容は、カブンごとにちがうと考えられているし、またそこには個人的な書きこみもされるだろう。魔女の世界は、自然の多様なあらわれに関心をいだいており、一神教的なひとつの真理を求めるものではない。

ガードナーの『影の書』は、彼の小説『ハイマジック・エイド』のなかではじめて、ふれられたものであった。

魔女たちの信条（Wiccan Reed）

魔女たちの生き方を日本人が理解するのは、やさしいようでいて難しく、難しいようでいてやさしいといえる。

まず、日本は八百万《やおよろず》の神であって、そもそも、「魔女」的なスピリチュアリティに近いところで生きているということがある。

自然そのものが神や女神の顕現であり、季節のサイクルを大切にする、といっても日本人にはほとんど違和感はないだろう。

しかし、逆にいえば、自然を「被造物」（神によって造られたもの）とみなし、そこに生命を感知しないというような、一神教的な世界観を背景にもたないがゆえに、魔女たちが歴史を通じて痛切な思いでオルタナティブとして「魔女の道」を選んできたということが理解しにくいのかもしれない。

さらに言えば、魔女の世界にはいわゆる「戒律」や「教義」で強く人を縛ることはないということになっているために、聖典も存在せず、部外者であるわれわれには、そのスピリチュアリティの内実はわかりにくいものとなっている。

しかし、そこはやはりヨーロッパであり、よくも悪くも、魔女たちのシンボリズムや信仰には、キリスト教を鏡としたような面もある。

たとえば「聖書」のような「経典」は存在しないものの、『影の書』ブック・オブ・シャドウというような、パーソナルな聖典を自分でノートをとってつくってゆくということがある。これは明らかに裏がえされた「聖典」である。ここに紹介する「魔女の信条」というのも、キリスト教の使徒信条をどこかで意識したものであるのだろう。魔女たちの間でも自分のスピリチュアリティを表現する「信仰信条」のようなものがあるのだ。

とはいえ、これはキリスト教の信仰告白と違って、「絶対にこれでなければならない」というものではない。

由来ははっきりしないのだが、一九七五年にペイガン（異教徒）向けの雑誌「グリーン・エッグ」に掲載されて以来、普及していったものだとされている。実際には一九三〇年代から一九六〇年代に編まれたものだと思われる。「魔女」たちの生き方がおぼろげながら、浮かび上がってくるのでここにご紹介しよう。

もっとも重要なものは最後の二十六条で、an it harm none, do what ye will という八単語で形成されているもの。

「誰も傷つけない限り、汝の意志するところをなせ」という意味だ。

これは、さまざまな戒律のある大きな組織宗教とは強いコントラストをもっている。

魔術のジャンルに関心を持っている人であれば、これは二十世紀最大の魔術師と呼ばれるアレイスター・クロウリーのモットーでもある、ということに気づかれたはずだ。

実際、現代魔女運動の祖であるガードナーとクロウリーの間には個人的なつながりもあり、クロウリーの魔術と魔女術の間には密接な関係があったとされている。

また二十三条の「三重の法則」も重要だと思える。

魔女（男性も当然含まれる）は自由に生きていいのだけれど、だれも傷つけるべきではないし、誰かにしたことは（魔法も含めて）三倍になって自分に戻ってくる、というふうに教えられる。安易に黒魔術や呪いを使っては絶対にいけないのである。

十八条の花や樹木を大切にせよ、というのは、自然を支配しようとする男性一神教とは対照的に、女神の顕現である自然を敬え、ということで、これはとてもエコロジカルなスピリチュアリティーであるということがうかがえる。

魔女の信条（Wiccan Reed）

1 ウイッカ（魔女）の信条を完全な愛と完全な信頼を持って心せよ。

2 生きよ、そして生かせ。
正しく受け取り、正しく与えよ。

3 邪悪な霊を退けるべく円を三度作れ。

4 まじないをかけるときには、呪文を韻文で唱えよ。

5 穏やかなる瞳、軽い接触。
話しすぎず、よく耳傾けよ。

6 月満ちるときには時計回り（デソイル）に行き、ウイッカの歌（ルーン）を歌い踊れ。

7 月が欠けるときには反時計回りに行け。トリカブト（ウルフスベイン）のそばで狼男が吠える。

8 レディ・ムーンが新しい時にはその手に二度キスせよ。

9 月が上るときには汝の心の奥底の欲望を求めよ。

10 強い北風には注意せよ。扉を閉じ帆を下ろせ。

11 南風が吹くとき、愛が汝の唇にキスするだろう。

12 東から風吹けば、新しきことを期待し、宴を準備せよ。

13 西風が吹くとき、飛び去る霊たちが騒ぐ。

14 大釜の中には九つの木材を燃やせ。素早く、あるいはゆっくり。

15 ニワトコはレディの樹木。
燃やすべからず。呪うべからず。

16 車輪が回るとき、ベルテイン（五月祭り）の炎をたけ。

17 車輪がユール（冬至）に廻れば丸太を燃やし鍋に支配させよ。

18 花、藪、木々を大切にせよ、女神が祝福しているゆえに。

19 さざ波立てる水に石を投げ、真実を知れ。

20 恵まれぬ時に他者の望みに耳を貸すな。

21 愚か者とは季節を過ごすべからず。あるいは友となすべからず。

22 よき出会い、よき別れ。
明るき頬に温かき心。

23　三重の法則を心に刻め。三倍の悪、三倍の善。

24　不運のときには、眉に青き星を身につけよ。

25　愛に忠実であれ、汝の良人が偽らぬ限りは。

26　八つの語で魔女の信条は十全である。
誰も傷つけぬ限り、汝の意志することをなせ。

魔女の道具

ロンドンには、本物の魔女が運営する魔女ショップが少なくとも二軒存在する。
（二〇一五年現在）

そのうちの一つ、トレッドウエルさんには、毎年、僕の英国ツアーで訪ねて、オーナーの魔女クリスティナさんに「現代魔女術入門」というワークショップを行っていただいている。

この講座は二部からなり、第一部では、クリスティナさんに現代の魔女とは何かをレクチャーしていただく。

【Tredwells】
33 Store Street Bloomsbury, London WC1E 7BS United Kingdom

魔女ショップの展示

まったく初めての参加者も多いので、どんなふうにレクチャーしてくださるのか、最初はちょっと不安だったのだが、クリスティナさんは実際の魔女の道具を見せながら魔法の世界観を解説してくださる。

興味を持った人は、ショップで同じような道具を買うという楽しみもあるし、また、魔法のシンボリズムも具体的に学ぶことができて、これはとてもいいアイデアなのではないかと思った。

現代の魔女が用いる道具は、もちろん、流派によっても個人によってもさまざまなので、ここにご紹介するものは必ずしも、絶対的な基準で示すものではないが、まあ、定番のものだ。

このような魔女の道具は、伝統的には「買う」ものではなく、自作したり、人から譲り受けるものであるとされていた。

しかし、現代では実際にはすべて自作でそろえていくことは難しいだろう。専門ショップで買うのもいいとする魔女たちも多い。

ただ、こうした道具を「一気にそろえる」必要はない。

こうした魔法の道具は、一つ一つ、自分の気持ちにフィットするものをゆっくりとそろえていくのがよいとされている。

たとえば、魔女のチャリス（杯）を魔女ショップで見てもどうしても、気に入るのがない、という場合には、無理をして買う必要はない。

むしろ、ふらふら街を歩いているときに、「あ、これだ!」というものと出会うということもある。

『ハリー・ポッター』では、杖のほうが魔法使いを選ぶとされていたが、これはフィクションのなかに真実が説かれている一つの例ではないかと思う。ふさわしいときにふさわしい道具との出会いもある、と考えるのは面白いではないか。


魔女の道具は、基本的にいえば、自然界の力、あるいは女神や神の力を思い起こさせ、それと接触するためのシンボルである。

魔女によっては、こうした魔法の道具は日常使いをしてはならないという意見が多いが、一方では、魔女の魔法は当たり前の日常と分けることはできない、あるいは料理や掃除といった普通の生活の中にスピリチュアリティは現れるのだという考えのもと、普通の使い方をする人もいるようだ。

これは、トランス状態のような意識変容を、魔法の中でどの程度重視するかということにもよってくるのだろう。

これはあなたの考えで判断されるようにされたい。

いずれにせよ、順次このような儀式道具をそろえていくのは楽しい。

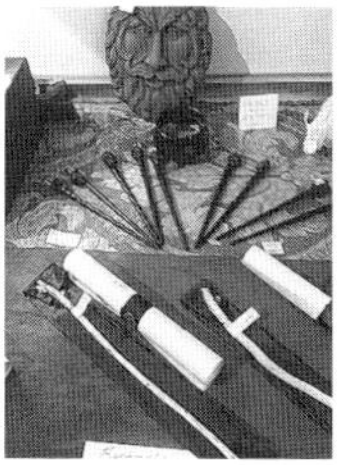
ワンド

【アサミィ】(Athame)

現代の魔女の道具と言って、真っ先にあげなければならないのがこのアサミィだろう。これは魔女の主要道具の一つであり、短剣である。

伝統的には黒い柄の、刃渡りがだいたい六インチのもろ刃のものがふさわしいとされる。ただし、この剣でものを切ることはない。これはエネルギーを方向づけるものであり、たとえば、魔法円を描くときに空中にエネルギーのラインを描くのに用いられる。映画などに出てくる魔法道具の杖のようなものだといってもいいかもしれない。そこで、刃が実際に切れるようになっていることはほとんどない。非常にシンプルなデザインのものを好む人も、あるいは複雑なシンボルを描きこんだ意匠のものを好む人もいる。アサミィは風のエレメントに対応する。

また、儀式の上で実際に何かを切る目的では、白い柄のナイフを用いるとされている。

【杖《ワンド》】

もちろん、魔女は魔法の杖も用いる。これもまた魔女の代表的な道具。エネルギーを方向づける効果的な道具だ。火のエレメントに対応する。

ショップで買うこともできるが、森からとってくることもできる。ただし、樹の枝を自分で切り取ってはいけない。あくまでも自然に落ちているものを拝借するというのが、自然を守るという意味でも作法である。拾ってきた枝はきれいに掃除して皮をむき、サンドペーパーをかける。

杖は、一般的には火のエレメントに対応するが、その樹木の素材によってさまざまな性質をもつとされている。

たとえば、トネリコ（Ash）の樹は、水のエレメントを引き寄せ、癒しの力をとくにもつ。

治療の魔法にはとくに優れた力をもつといい、ブナ（Beech）は火の要素、および母性や女性性とつながりがあり、愛や友情を招くことに優れるといわれている。

カバノキ（Birch）は浄化に用いられることが多い。

サクラの木（Cherry）は地のエレメントに対応し、意志の力を呼び起こす。

ニワトコ（Elder）は男性的な樹木で地と水の力と照応する。防御の魔法にとくにすぐれているという。

サンザシ（Howthorn）は男性的で風のエレメントに対応し、創造性を喚起する。

オーク（Oak）はとても強力で最強の杖となるとされており、火のエレメントと対応し、強力な守護者にして解放者としての力をもつ。

柳（Willow）は水と月の力とゆかりの深い女性的な力をもつ樹木であり、霊感を呼び覚ますという。また月の魔法にもふさわしい。

イチイの木（Yew）は死のシンボルと深く結びついており、死と再生とかかわる

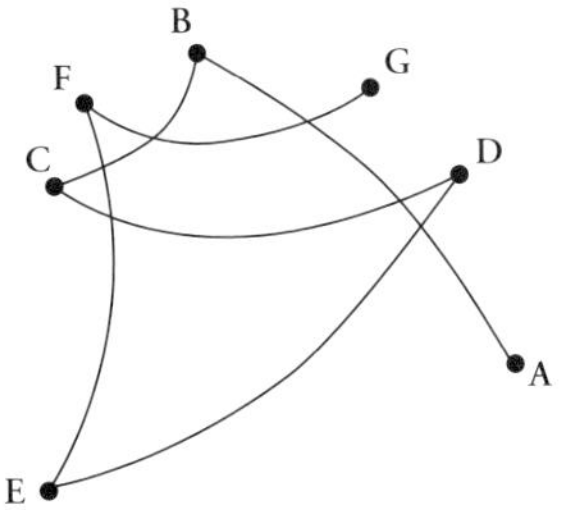

ウィリアム・ウィルソンによる幸運を招く杖の振り方。

という。

ダークな魔術を用いるときにも使われるという。

魔法の杖はアサミィに代わって、空中にペンタグラムを描いたり、魔法のエネルギーを方向づけるために用いられる。

実際の魔法の杖の振り方の指南は、数多く出版されている魔法のマニュアルにもほとんどないのであるが（ペンタグラム儀式以外）、電子書籍のなかで少し面白いものを見つけた。Willam Wilson *"The Practitioners Guide to Wand Magc"* Kindle edition 2011である。先の樹木の意味もこの本を参照しているが、この著者による「幸運を招く」杖の振り方をご紹介しておくことにしよう。（上図）

むろん、これは単にこの順序に魔法の杖を振るだけではなく、魔法円を描き、しかるべき象徴的なものを集め、イメージのなかでエネルギーを方向づけることが必要だということになろう。

効果のほどは、まさに「信じる、信じないは自分しだい」であろうが、イマジネーションの遊びとしてこのような魔法の術を使うのも楽しいのでは。

【ペンタクル】

魔法のシンボルであるペンタグラムを描いたディスク。大小のサイズがある。

ペンタクル

地のエレメントを象徴する。このようなペンタクルは、祭壇の上に置かれ、「大地」を象徴するものとして「魔法を接地《アース》する」役割を果たす。

さまざまなスピリチュアルな世界に生きる上でもわれわれはまた、この現実の中で生きることを忘れてはならないということ、スピリチュアリティは現実の生活のなかでこそ、きちんと価値をもつことを思いおこさせる。

このペンタクルの上に、たとえば、魔法の儀式で聖別したキャンドルなどを置く。


【チャリス】

魔法の杯、水の力を象徴する。銀のボウルで代用することもある。

海の水を象徴する塩水を入れることもある。

魔女の儀式においては男性原理を象徴する短剣とペアで用いられることも多い。


【ベル】

聖なる音を出すベル。

儀式のはじめと終わりのときなどに鳴らす。神々の力や四大の力に対して呼びかけるために用いる。

ベルを鳴らすことで、ここから魔法の時空に入るという合図を示す。

日本人なら、神社参拝のときの坪鈴を思い出す人も多いだろう。

コルドロン

【香炉】

儀式のときにたくインセンスのバーナー。ショップでは魔法のしるしであるペンタグラムが意匠としてほどこされているものもある。

【コルドロン】（大釜、ないし大釜のミニチュア）

香炉としても用いることがある。童話にも出てくる魔女の大釜。女神の子宮を象徴し、この世界そのものを表す。

通常、三本の脚をもっており、これは月の三つの相（満ちる月、満月、欠ける月）を象徴する。

ときには水をいれて、その水を魔法の鏡として透視に使う。

【影の書】

すでに触れたように自分専用の魔法のノート。さまざまな魔法修行の記録を残しておく。また魔法のために学んださまざまなことを記述しておく。

どんなノートでもよいが、長く使うものなので、しっかりしたものを用いる。

魔女ショップなどでは、ペンタグラムをはじめ、魔法のシンボルが書き込まれたものが置かれている。

アフロディテ

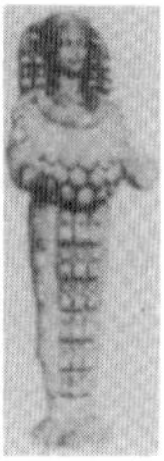
アルテミス

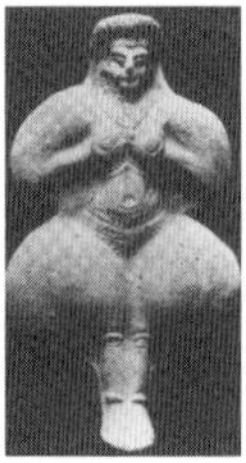
アシュタルテ

【神像】

大いなる女神を象徴する像や男性神を象徴する像を祭壇に置く場合もある。

このときには、とくに本人にとってゆかりの深い神のイメージを用いることがある。

具体的なギリシアの神々のような像でもいいし、より抽象的なシンボルでもいいだろう。

【アクセサリーやローブ】

魔女の儀式は裸で行うという人もいれば、特別なローブをまとうという人も、ごく普通の平服で行うという人もいる。

なかには魔女のシンボルであるペンタグラムや、あるいは月のシンボルのペンダントなどを身につける人もいる。

【箒】

魔女といえば、この箒を思い出す人も多いだろう。

現代の魔女は箒で空を飛ぶことはないが、ガーデニング用の箒を使って、儀式用の場所を象徴的に浄化するために用いる。

【アフロディテ】
ギリシア・ローマ神話の美の女神。

【アルテミス】
ギリシア神話の月の処女新。狩りの女神ともいわれ、ローマ神話のディアナと同一視われる。

【アシュタルテ】
古代フェニキアの女神。中東地域の最古の大女神の一人で、広くインド・ヨーロッパ語圏で崇拝された。後に悪魔と同一視される。

【イシュタル】
バビロニアの「星」の意味をもつ名の女神で、金星をあらわすとされる。バビロニアでは、女王中の女王とまでうたわれ、最高の崇敬をうけていた。

女神信仰

ミューレイが、魔女の神は男性の有角神である、と強調したのに対し、ガードナーにとっては、魔女の神は大いなる女神であった。これは、現代の魔女、あるいは新異教主義（ネオ・ペイガニズム）を特色づける、大きなポイントである。

「魔女たちの儀式は、すべて女神の神話から導きだされる」とガードナーはいう。その女神はなんであろうか。ガードナーは魔女たちが信仰している女神の名前を、「G」とイニシャルだけでのみ、紹介しているが、その神話は、バビロニアのイシュタルの冥界下りと酷似した、女神と死の王の会話から成り立つものであった。

死の世界と女神の緊密な関係は、ガードナーの二冊目のフィクションである『女神きたれり』が、輪廻と妖精の世界のような、死者の国をあつかった作品であることからもわかるだろう。

『今日の魔女』で紹介されている「チャージ」という、女神の賛歌、祝福をみれば、魔女たちが千の名でさまざまな女神を崇拝していることがわかるだろう。これは、魔女の儀式で、女神の代理人となる女司祭がとなえてメンバーを祝福するためのものだ。

「大いなる母、古きときより、人にはアルテミス、アシュタルテ、ディオーネ、メルジーネ、アフロディテ、そしてあまたの名で呼ばれしものの言葉を聞け。わ

が祭壇にて、若きラケダエモンは犠牲とされり。月に一度、月が満ちるときならなおよし、かくれたる場所に集いて、われを崇めよ。

　われは恩恵の女神なり。われは地上に生あるものに、信仰ではなく、歓喜を与えん。死においては、言葉にできぬ平安と、休息と、そして女神の至福を与えん……」

　ガードナーによれば、それは、まだ母権制時代であった石器時代の宗教を継承しているためであるという。

　現代のアメリカを代表する魔女スターホークは、次のように魔女の女神信仰を説明している。

「私によく、〝女神を信じているのですか〟と聞く人がいます。西洋人にとって、顕現した神格という概念を理解するのは、非常な難題のようです。〝信じる〟というフレーズは、われわれは女神を理解することができない、という前提を暗に示しているようです。〝信じている〟ものは、なにか了解不能で、理解できないもの、ということです。われわれは石を〝信じ〟はしないでしょう。われわれは、石を見、ふれ、庭から掘りおこし、小さい子供がそれを投げあうことを禁じることはあっても、石を〝信じる〟ことはないのです。われわれは、石を知り、そしてそれと接触します。クラフトでは、われわれは女神を〝信じ〟はしないのです。われわれは女神とつながるのです。月を、星を、大地を、木々を、動物たちを、外の人々

【メルジーネ】

魚の尾をもった女神で、中世版のアフロディテとされる。この女神は、安息日には誰の目にもふれることなく、人魚の姿になって水浴を楽しんだという。


【クラフト】

ウイッチクラフトの略として用いられるが、大文字のCraftとすることで魔女の信仰をさす。フリーメイソンをさすこともある。

を、そして自分たち自身をとおして。彼女はここにいる。彼女は、われわれすべてのうちにあります。女神は、完全な円である。地、風、火、水、そしてエッセンス。肉体、精神、霊、感情、そしてその循環、変容のすべてなのです」

月を引きおろす儀式

ガードナー派、あるいは多くの魔女たちの儀式においては、儀式を進行するのは、多くの場合に女司祭である。そのとき、女司祭は単なる人間ではなく、大いなる女神の器として女神を体に引きおろし、その代行者となる。周知のとおり、女神の主要な象徴は月であるため、その女司祭と女神を一体化させる儀式を「月を引きおろす」（ドローイング・ダウン・ザ・ムーン）と呼ぶ。先に紹介した「チャージ」、つまり女神の祝福は、この儀式によって半トランス状態に入った女司祭の口から、美しい旋律となってあふれだす。

魔女たちの主張によれば、月を呼びおろすこの儀式は、古典古代の北ギリシアのテッサリアにまで起源をさかのぼるのだという。テッサリアの魔女は、伝承によれば、意のままに月をあやつる魔法の力をもっていたと伝えられているが、おそらくガードナーはそんな伝承からヒントを得たのだろう。

ガードナーが複写した、月をおろしているというギリシア時代の壷絵。

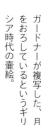

ビトウィーン・ザ・ワールズ——魔法円

魔女の儀式、祭儀は、基本的にはすべて魔法円のなかでおこなわれる。直径約三メートルの円を、魔女たちはアサミィと呼ばれる黒い柄のナイフで描く。魔術の世界では、魔法円の四つの方位は地水風火の四大元素（エレメント）に対応しており、魔法円の周囲には、それぞれのエネルギーを象徴するキャンドルがおかれ、火がつけられることもある。

だが、単に円が引かれ、そして祭壇がアレンジされただけでは、魔法円は完成されない。物質のレベルに引かれた円は、霊的にチャージされ、そして聖なる空間とされねばならない。

そのために、魔女たちは四大元素で魔法円を浄化し、そのあとに四方位の監視人たちを呼びだす。

「我、汝を呼び、喚起せん。汝、東の無敵なるものよ。魔女の魂の守護霊よ。この儀式の証としてたち、魔法円を守りたまえ」。このとき、魔法円は「世界の狭間」(Between the Worlds) となる。そこは、神々の世界とこの現世の狭間の空間となる。ホラー小説に登場する魔法円は、魔術の使い手を悪魔から守るはたらきをする。魔法円から一歩でも踏みだすと、悪魔に身も魂もズタズタにされる、というわけだが、しかし、魔女術ではそのようなことはない。

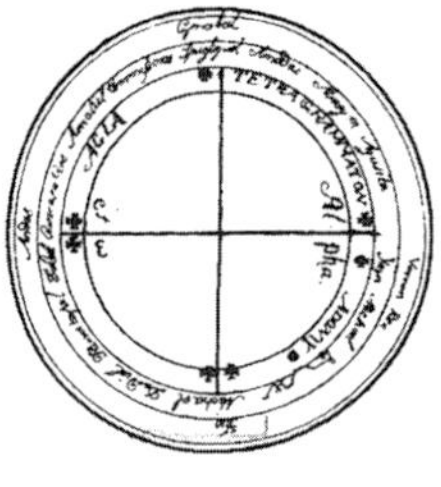

十九世紀の儀式魔術における魔法円

【方位と四大元素（エレメント）の対応関係】
東↓風／黄色／春／棒
南↓火／赤／夏／剣
西↓水／青／秋／杯
北↓地／緑／冬／円盤

【*The Complete Idiot's Guide to Wicca and Witchcraft*】
魔法円の作り方、魔女の信条などについては、この本を参照させていただいた。初心者向けの魔女術の入門書である。

あるガードナー派の魔女の一人にインタビューした際、彼女は魔術では、力を円のなかに呼びだすのであって、中世の悪魔喚起の魔術のように、魔法円の外に邪悪な力を呼びおこすことはない、といっていた。またこの場合、魔法円は儀式をおこなう場、ひいては魔女術にかかわることすべてをさす。

「世界の狭間でおこったことは、この世界とは関係がない」。イニシエーションのあと、こう魔女は伝えられるが、それは魔女の活動はすべて秘密にせよ、との意味をもつ。

魔法円を作る　キャスティング・ザ・サークル

もう少し詳しく、魔法円の作り方を説明しよう。あくまでも一例ではあるが……。くり返しになるが、魔法のエクササイズやおまじない、儀式は基本は魔法円のなかで行うのが一般的だ。

魔法円マジックサークルというと、オカルトホラー映画や漫画などにも登場するのでイメージがあるかもしれない。

そのような「黒魔術」においては、魔法円は術者を守る結界のようなもので、その円の中には悪魔や悪霊は入ってこられず、術者が守られるという設定であることが多い。

そして、うっかりその円の一部が決壊して、悪魔が襲いかかり、主人公が危機に陥る、などといったこともお決まりのパターンである（古典的魔術ホラー小説、デニス・ホイートリの『黒魔団』にもこのようなシーンがあったように思う）。

しかし、魔女の魔法円は、そうしたものとは少し性質が異なる。

だって、魔女たちは悪魔や悪霊といった恐ろしいものを相手にすることは基本的にはないのだから。

魔女たちの魔法円は、その場を日常的な空間からマジカルな聖域にシフトすることをイメージするもので、場合によっては円からも出入りは自由である（これには作法があるが）。

儀式中にうっかり魔法円を踏み越えたからといって、呼び出された悪魔に魂ごともっていかれる、などということはない。

しかし、少し意識を変容させ、この場があちらとこちらの世界の境界になる、ということを強くイメージできるかどうかということにかかっている。

◉あなた自身と場の浄化

魔法を行うときには、ネガティブな感情に支配されていてはならない。まず、あなた自身ができるだけ清潔な衣服に着替え、嫌な感情を洗い流すように意識しよう。

そして、次には場の浄化である。自然を愛する魔女たちは屋外で儀式や魔法をおこなうこともよくあるが、日本の実情ではあまり現実的ではないかもしれない。事実上、自室で行うことになることが多いだろうが、なるべく部屋を整理整頓する。掃除はこまめに。

それができていれば、イメージの上で、霊的にも場を「浄化」する。

ここでよく登場するのが、魔法の箒である。イギリスではガーデニング用品店で、細い木の枝を束ねた、いかにも「魔女の箒」のような実用的な箒が売られているが、日本ではこうしたものはほとんどみかけない。

また狭い日本の住居でこのような箒を持ち込むこともあまり実用的ではないし、賢明ではないだろう。

魔法の道具はあくまでも象徴なので、ミニチュアの箒を使ってもかまわないし、とくに道具は使わず、霊的な埃を掃き出すような、手の動きだけを使ってもいいのではないかと思う。

部屋のなかを右回りに歩きながら、

「掃き出せ、掃き出せ、箒で掃き出せ、
すべての悪しきものを、
掃き出せ、悪しきものは外へ
善きものは内へ」

と唱え、部屋全体から穢れが追い払われるようにイメージする。

この右回りというのは重要で、魔法円のなかでは基本的にはこの方向に動く。これは太陽と同じ方向の動きであり、「デソイル」という。逆の方向に動くのは「ウィダシン」というが、これは魔法円を解くときに用いる。

こうして、魔法円が形成できる準備ができた。

◉魔法円を形成する

ここで、円を具体的に形成する。

できれば、火のついたインセンスと香炉、水の入った杯（チャリス）、塩を少し乗せた小皿を用意する。

もし手の込んだことがしたいなら、祭壇をつくってそこにおいてもいいだろう。祭壇は、部屋の北、ないし、東側、あるいは中央に置かれる。

あなたが必要と感じ、余裕があれば、の話ではあるが、小さな机に布をかけ、その上にあなたが親しみを感じる神の像（写真などでもよい）、キャンドル、インセンスバーナー（大釜のミニチュアがよく用いられる）、塩水をいれた杯、塩、魔法の杖、ペンタクルなどを置く。また儀式にふさわしい、あるいは必要な道具を置く。さまざまなスペル（おまじない）もこの上で行う。

ただし、火の扱いにはくれぐれも注意。とくにオカルトショップなどで売っているあまり上等ではない祭壇の布（アルタークロス）は燃えやすい化学繊維でできていることも多いので、火を扱うときにはおすすめできない。

ただし、このようなものはあくまでも「象徴」なので、もし強くイメージできるなら、道具は一切なしでもかまわない。

自分がこのような道具を手にしているのだと想像することのほうが大事だ。

ここでベルがあればベルを鳴らす。

東に行き、そこから右回りに部屋を回ってゆく。そのときには、できれば火のついたインセンスをもつ。

右回りに一周する間に、光の円が部屋のなかに描かれるように強くイメージする。そのとき、**「火と風の力によりて、この円を引かん」**と唱える。


次に、手に水の入った杯を持ち、指で水を少しだけはねながら、部屋を右回りに一周する。このとき、さらに魔法円の光がより強くなるように感じる。

唱えるのは、**「水の力によりて、この円を引かん」**


さらに、塩を少し振りまきながら、光の円のイメージを強めて、

「地の力によりて、この円を確かなものにせん」

と唱える。

そして、神と女神がこの空間におわすことを感じ、神々の存在を招き入れる。


これで、魔法円は形成されたが、忘れてはならないのは、魔法円は平面ではなく、立体である、ということ。

部屋全体を包む大きな球体のようにイメージすべきである。

この光の球体はよこしまなものを排除し、魔法が起こる特別な空間になることを祈念するものだ。

◉四方位の守護者たち

場合によっては、この魔法円を四方位の守護者たち、エレメントの守護者によってさらに強化していただくこともある。

もしあなたが望むなら、再び東に面し、

このように唱える。

「ハイル、東の塔の守護者よ、風の力よ、吹かせつつ、そよぎ、来たれ！」

南に面し、

「ハイル、南の塔の守護者よ、火の力よ、燃え盛り、輝きつつ、来たれ！」

西に面し、

「ハイル、西の塔の守護者よ、水の力よ、流れ、潤わせながら、来たれ！」

北に面し、

「ハイル、北の塔の守護者よ、地の力よ、固め、いそしみつつ、来たれ！」

このときにあとで紹介する四方位の瞑想と組み合わせてもよい。

いずれにせよ、自然界の四元素の力がこの場に降臨しているのだと強くイメージすること。

◉魔法円の出入り

伝統的には魔法円から出入りするときには、イメージしている円の境界を、魔法の短剣アサミィで少し「切り拓き」、そこから出て、出た時には、再び「閉じる」。

あるいは、手で少しその光に風穴を開けることをイメージしてもよい。

必ず、出入りするときには、そのつど、魔法円の一部を開けて、また閉じるという所作とイメージすることが重要だ。

◉魔法円を閉じる

魔法円の中での作業（瞑想などのトレーニングや、スペル、おまじないなど）をおこなったあとは、今度は、魔法円を「閉じ」、その空間をもとの状態にもどすことが必要だ。

やり方は、基本的には、魔法円を設定するときとは逆の順序をたどっていく。

四大の力を招いていた場合には、

「東の風よ、南の火よ、西の水よ、北の地よ、御身らに感謝す。そして、御身らのいるべき場所へと、もどられよ」

と感謝しつつ、解放の言葉も唱える。

そして、今度は東から始めて、三度、反時計回りに（東、北、西、南の順）に部屋を回り、光が消えていく様子をイメージする。

儀式の終わりには、ベルがあればベルを鳴らすようにする。

ペンタグラムのシンボリズム

キリスト教の第一義的なシンボルが十字架だとすれば、魔女や魔法のシンボルはペンタグラムだということになるだろう。日本でも映画「陰陽師」のドーマンセーマンで有名になった、一筆書きの五芒星のことである。

これは、古くから防御の、そして、魔法そのものの力を象徴しているものとされてきた。

もしイギリスやアメリカで、街中で、普通のファッションをしている人でも、胸に小さなペンタグラムのペンダントをつけていれば、かなり高い確率でその人は魔女ないしペイガン、魔法にかかわっている人であろう。日本ではほとんど想像つかないが、キリスト教圏では、このシンボルは、一部では「異教」（ないし悪魔的なもの）として理解されているところもあり、ときに強い感情的反応を呼び起こすこともあるので、あからさまにペンタグラムのシンボルを身につけることには慎重になる魔女たちもいる。

しかし、この図形は、「陰陽師」を見てもわかるように、洋の東西を問わず古い時代から用いられてきた防御と魔法のシンボルなのである。かのゲーテの『ファウスト』の第一部で、悪魔メフィストフェレスがファウスト博士の前から退去しようとしたときに、ペンタグラムのしるしが邪魔になって悪魔が動けなくなっている、というシーンが出てくる。それほど、このシンボルは有名なものなのだ。また魔女や魔術師の間でもこのペンタグラムを用いて、自然の諸力とチューンし、操作すると信じられている。また、ペンタグラムと混同しがちな言葉に「ペンタクル」がある。（七十二ページ参照）

これはペンタグラムを円で囲ったディスクのことで、祭壇に置かれて魔法の力を地に根づかせるということもある。

次に述べる四大元素プラスワンの力を円環においてまとめるというシンボルである。

✡ 火、地、風、水と霊、五つを結ぶ

ペンタグラムは、ときに、大の字の人間の姿をかたどったものだとされたり、また、キリストがはりつけになったときの五つの釘の場所を指すとされた。

映画「ダヴィンチ・コード」で有名になった逸話としては、地球から見た金星の軌道がちょうど五芒星のように見えるので、大いなる女神ヴィーナスおよび女性原理の象徴である、という解釈もなされた。

一般的な魔術のシンボリズムにおいては、火、地、風、水の四大元素プラス霊ないし空（アカーシャ、エーテル）を示す五つの点を結んだものだというふうに解釈される。

流派によっても、その対応点は異なることもあるが、一般的な対応は下図の通り。

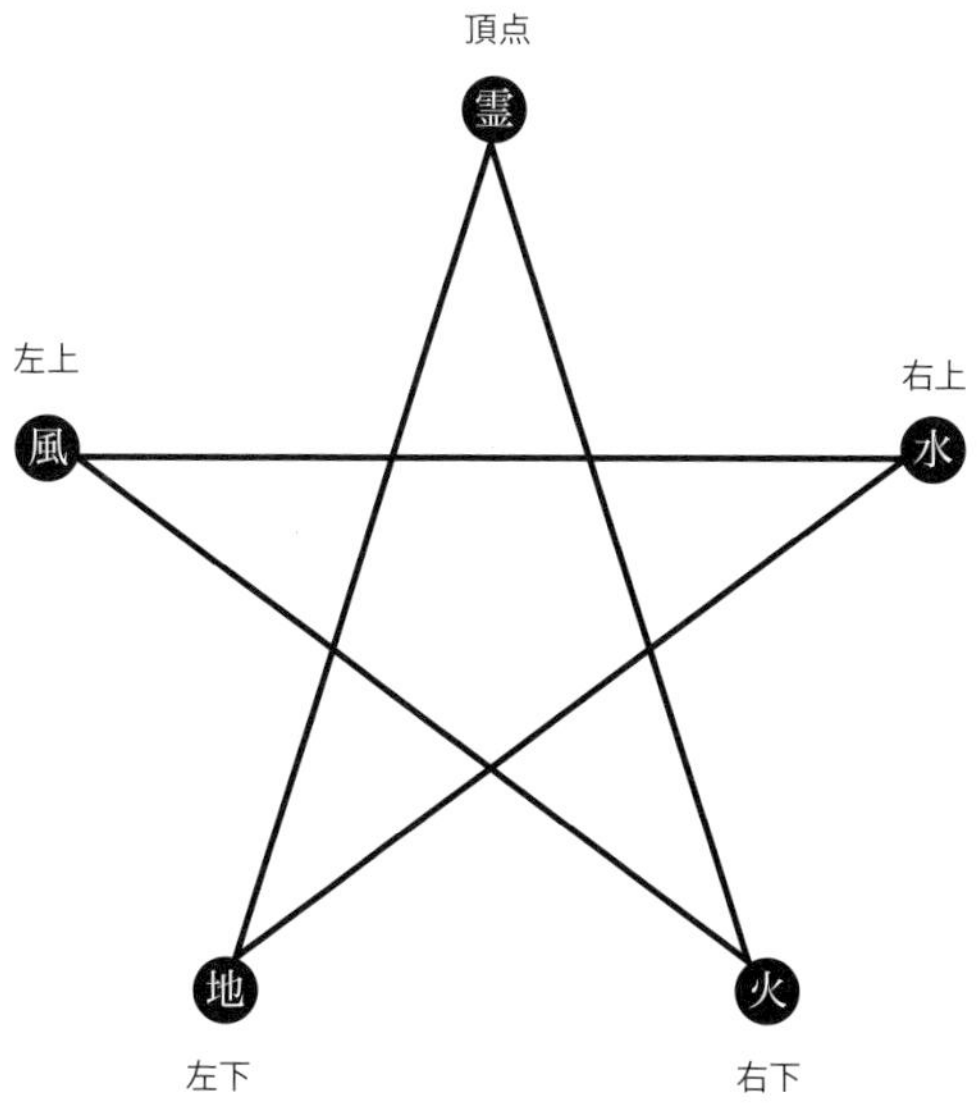

召喚と退去のペンタグラム

このうち、どの頂点からどの方向にペンタグラムを一筆書きで描くかによって、四大エレメントのうち、どの力を呼び起こすのか、あるいは退去（立ち退かせる）なのか、ということにつながる。

アサミィ、あるいは魔法の杖で、このようなペンタグラムを空中に描き、強くエレメントの力と結果をイメージすることで魔法を使うことは、魔女たちもときにおこなっている。

その召喚と退去の描き方はこの通り。

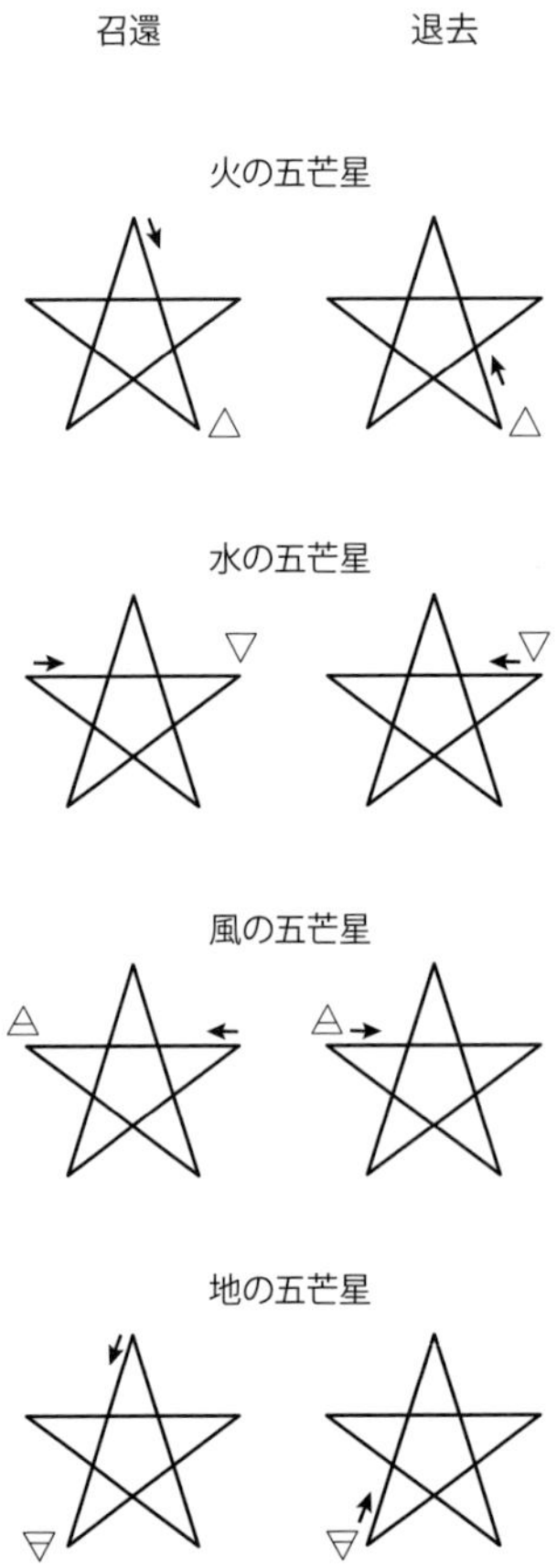

⛤祓いによく使われるのは地の退去の五芒星

儀式魔術を体系化させた英国世紀末の魔術結社『黄金の夜明け団』においては、この五芒星を用いた儀式がよく用いられ、とくに「小五芒星の儀礼」は、儀式魔術の基本の基本とされている。

このときには、「地の退去の五芒星」を東西南北の四隅に描いていく。これはその場を祓い清めるために用いるものであるが、もし、何か雰囲気が悪い、場が淀んでいるように感じることがあれば、地の退去のペンタグラムを空中に描き、それが燃え上がるようにありありと想像し、その場の穢れを焼き尽くすようにイメージする。

⛤否定的な感情を洗い清める水のペンタグラム

魔術や占星術では、感情は水が象徴する。

誰しも悲しい思い出や嫉妬などといったネガテイブな思いを感じるものだが、それを明日に引きずらないように、この水の退去のペンタグラムを使うこともできる。

できれば、魔法円を設定して、その中で、自分の嫌な感情が湧き上がってくるのをしばらく見つめる。それもあなたの一部なのだから、否定してはいけない。

その感情を味わい、またそこから学ぶべきものをストレートに見つめるのだ。

それができれば、その感情をあたかも濁った水のようにイメージする。

そしてその水に、水の退去のペンタグラムを描いて重ね合わせるのだ。

清いブルーのペンタグラムの輝きとともにその濁った水が浄化され、また大地に引いていくようにイメージする。

そのことによって、今後、その否定的な感情に引きずられることがないように祈る。

⛤緊急避難の額の五芒星

魔女の信条にあったように、何かまずいことが起こった時には、眉間にブルーに輝くペンタグラムをイメージする。

そのことで、不運を避けることができるかもしれない。

⛤留守宅を守る地のペンタグラム

これは、僕もよくおこなう魔法のおまじないだ。

出張、旅行などで留守宅を守りたいときには家を出た時に、ドアに向かって地の召喚の五芒星を描く。

そして、「地のごとき堅き扉によりて、わが聖域を守りたまえ」と心のなかで唱える。

帰宅したときには、退去の五芒星をドアの前に描いてから、部屋に入るようにする。

⛤勝利を招く火のペンタグラム

試験やスポーツの試合を前にしたときには、火のペンタグラムによって勇気を喚起しよう。

試験に使うペンや試合に用いるユニフォームに、魔法の杖（ないし指）で火の召喚の五芒星を描き、燃え盛る火のエネルギーがこのツールに宿るように念じる。精霊の火がツールに吸収されていくように念じるのだ。

その試合や試験が終わった時には、火の退去の五芒星をそのツールに向かって描き、火の力に感謝する。

⛤会議やパーティーを円滑にすすめる

会議やパーティーを円滑に進めるためには、コミュニケーションの力をもつ風の力を呼び起こそう。

もし、場が気まずい雰囲気になったり、空気が行きづまった時には、心のなかで風の退去のペンタグラムをイメージする。そして、凝り固まった空気が抜けて新しい風が吹き込んでくるようにイメージするのである。

これは一瞬で行うのがポイント。あなた自身が瞑想に入り込んで、その場から注意をそらしてしまってはいけない。

その場の感情に巻き込まれず、あなた自身が客観的になるための一種の心理技法なのだから。

⛤逆ペンタグラムについて

一部では上向きのペンタグラムは白魔術、下向きのペンタグラムは黒魔術のシンボルだと解釈する向きもある。

下向きのペンタグラムは、物質的な四大の力が霊に優位になっていることから、あるいはそれが悪魔を思わせる山羊の頭の形に似ていることから黒魔術のシンボルだと解釈されている。これは悪魔主義者たちの解釈である。

これも一理あるが、ガードナー派の魔女の伝統では、逆向きの五芒星は、三段階ある魔女のイニシエーションのうち、第二位階を象徴するともされている。

とはいえ、さまざまに誤解されがちな逆五芒星なので、ヘヴィメタルが好きだとか(一部のミュージシャンは逆五芒星をシンボルに使う)、とくに理由がない限り、これ見よがしに逆五芒星を用いるのはやめたほうがいいかもしれない。

一九四〇年、戦争を防ぐ魔術

現在、多くの魔女たちは、われわれの期待に反して、「魔術」を使うことはあまりない。彼らにとって、魔法はむしろ二次元的なもので、本当に重要なものは、女神との接触、生の実感である。

だが、魔女術のなかには、「力」を強力に呼びおこす術も存在する。魔女の歴史のなかで、もっとも有名なその実例は、第二次世界大戦における、「魔術戦争」だろう。ガードナーは、彼をイニシエートしたカブンが、ヒトラーのイギリス進攻を防ぐべく、魔術の力を結集した、と報告している。

それは、ガードナーの弟子ヴァリアンテによれば、一九四〇年のことだ。

「力の円錐。古いやり方だ。円が描かれ、焚き火かキャンドルの炎がともされる。

……そして全員が十分に力を高めたと感じるまで、輪舞を続けるのだ。もし、儀式がなにかを弱めるためにおこなわれるのなら、魔女は右回りにまずおどりはじめ、そして左回りにおわる。最後に、彼らは手をつなぎ炎に向かって走り、そののぞみを全員で絶叫する。魔女は、それをくたくたになるまでか、あるいは、だれかが気を失うまで続ける。それが、呪術が目的を達したときなのである」

この魔術の効果かどうかはわからないが、ヒトラーがそののち、イギリス進攻を中止したのは周知の事実だ。

魔女たちはガードナーに、彼女たちの先祖は、おなじ魔術でイギリスをナポレオンからも守った、とほこらしげに述べたという。

儀式のときの衣服

ガードナーの提唱した魔女宗教が、これほど多くの関心を集めるきっかけになったのは、よくも悪くも、その一見セクシャルでスキャンダラスな儀式のためだったろう。

ガードナーの魔女術では、儀式は男女とわず、裸体でおこなわれるという。それは、自然の霊力を敏感に感受し、また、いったん魔法円のなかに入れば、すべての世俗的な地位や権力を無化し、「完全な愛《パーフェクト・ラブ》」「完全な信頼《パーフェクト・トラスト》」という魔女たちのモットーを守るためだ。儀式的に裸体になるとき、魔女たちは、だが「裸」なのではない。彼らはスカイクラッド、つまり「天空をまとう」のだ。

もっとも、この全裸の魔女の儀式は最近ではあまり好まれず、多くの魔女のグループでは、「ローブド」、つまり法衣をまとって儀式をおこなっているようだ。それに実際のところ、イギリスで野外で儀式をおこなおうとすれば、気温のことを考えれば、スカイクラッドはあまり実用的ではない。

霊的な祝福をあらわす男女のおこない

いっぽう、ガードナーの流れをくむ魔女たちは、豊穣のパワー、あるいは霊的な祝福を象徴する行為として、高等司祭と女司祭長の性行為をおこなっている。ガードナー自身は、その行為をカブンメンバーの眼前でおこなうことを好んだと伝えられているが、結婚しているカップルが別室でおこなうのが一般的である。これは「神聖婚」(ヒエロガモス)、つまり宇宙の男性的エネルギーと、女性のエネルギーの交流とそれによる豊穣の力を引きおこすものだと解釈されている。ただし、多くの場合には、この儀式は男性の司祭が女性の司祭のもつ杯に短剣をつきたてる、というシンボリックなパフォーマンスで代行されることがほとんどだ。

また、「五重のキス」という所作もかなり刺激的だ。これは、カブンメンバーに祝福をあたえるときに、ひざ、性器、胸（右胸、左胸）、唇の五カ所にキスをあたえるものだ。おそらく、これは魔女裁判の記録にみられる、悪魔の尻にキスをする、という行為に対応するものだろう。

サバト——自然と同調させる儀式

現代の魔女術において最も重要な儀式は「サバト」であるといえよう。

魔女たちはまた、季節の変わり目である八つの祝日に集い、自然の潮流と自分たちを同調させる儀式をおこなう。これが「サバト」である。それは、冬至、春分、夏至、秋分と、それぞれの季節を二等分するイモーク（二月二日）、ベルティーン（四月三十日）、ルーナサ（八月一日）、サーオィン（十月三十一日）である。また、魔女たちは満月の夜に集いを開催するが、これは「エスバト」と呼ばれている。

魔女たちは、すべてのものにはサイクルがあり、死と再生を繰り返していると考える。それは自然の摂理なのであり、その大いなるサイクルのなかで自分たちも生き、生かされていると考えている。

しばしば、魔女たちの間では「一年の車輪」Wheel of the Yearと称されるのであるが、一年の周期を車輪の回転のようなものとしてとらえている。

永遠に季節はめぐり、そのサイクルの中ですべての生命が活動していると受けとめているわけだ。

なお、おのおののサバトの日付は、太陽の運行と暦のあいだのずれのため、年によって一〜二日の異同が生じる。

とくに、春分、秋分、夏至、冬至の四つが重要なのはもちろんであるが、その中間にあたる四つの祝祭がとくに魔女たちにとっては重要だと考えられ、とくに「大サバト」などと呼ばれている。

現代魔女文化が誕生した英国のことを考えてみよう。

英国は比較的温暖な気候の国ではあるが、緯度の上では北海道よりも北にある高緯度、北欧であることをわれわれは忘れがちだ。

中緯度地方の日本では「四季」という観念が強いが、高緯度では、夜がきわめて長く寒い冬と、昼が長い夏の二季という感覚が強い。

ヨーロッパを訪ねたことがある方ならご存知だろうが、夏至が近いシーズンであれば、ロンドンでは夜の九時ごろまで明るい。一方で冬になると、午後の三時ごろには暗くなり始めてしまうのである。

日本とは比べものにならない、光と闇の季節による変化を感じて人々は暮らしている。また夏の日差しも、日本のようなすさまじいものではなく、明るくすがすがしいものなのである。

シェイクスピアの『ミドサマーナイトドリーム』を、『真夏の夜の夢』と訳してしまうと、これはどうも雰囲気が違う。

日本で「真夏の夜の夢」などというと、熱帯夜のなかでのエロティックな夢を連想してしまいがちだが、そうではないのだ。

これは夏至のころの、一年のうちでもっともさわやかな季節に魔法が起こる、というイメージなのである。

魔女のサバトを図示する
「一年の年輪」
魔女博物館の展示品より。

自然を女神および神の顕現と考える魔女たちの伝統においては、この「一年の車輪」は、女神と男性神の一連のドラマとして認識されている。

女神はこの世界そのものであり、われわれ人間を含めて存在すべてはその偉大な、不変にして普遍の女神の子宮のなかで生命の営みを紡いでいるとも考えられている。

一方で、季節の変化を生み出す太陽は、男性神であり、女性原理とともに宇宙を動かすダイナモにして、男性原理でもある。太陽の光は、女神と共同してこの世界の植物をはぐくみ、動物たちを繁殖させ、またしかるべきときに大地である女神の子宮へと引き戻してゆく。

女神は常にそこにおわすが、太陽に象徴される男性原理である男性神は、季節の変化に象徴されるように、生まれ、育ち、また死んで復活するとされている。

冬至であるユールにおいて、太陽の力はもっとも弱まるが、ここから太陽神は復活する。ということは、ここにおいて女神は太陽神をもう一度、幼児として出産するということになる。

イモークである二月あたまにおいては男性神は幼児としてイメージされており、ここから偉大な女神は産後の肥立ちを通して女神も力を得てゆく。

オスターラである春分のときには、昼と夜の長さが同じになり、ここから昼が伸びてゆく。男性神は、若々しい少年から青年の神としてイメージされるだろう。

五月祭であるベルテインは、ヨーロッパではもっとも美しい季節のころでもある。美しい青年神になった太陽は、女神と恋におち、最初の交わりを果たす。

そしてこの大地は再び生命を宿すのである。

そして夏至のときには男性神も女性神もその力のピークとなる。

八月あたまのルーナサのときには、早くも太陽神は弱体化し始め、最初の実りが刈り取られる。

秋分のメイボンには、二番目の収穫がなされ、ますます、男性神は弱くなるが、同時に豊かな実りが与えられてゆく。

そして、サーオィン（ハロウィン）のときに、男性神は死ぬことになるが、冬至のときに女神によって復活せられ、また新生児としてこの世界に誕生するのである。

このような一年の重要な祝祭は、たとえばオスターラがイースター、ユールがクリスマスというふうに、現在のキリスト教の祝日ともオーバーラップしているのだが、魔女たちや一部のフォークロリストたちは、古い民間の祝祭がキリスト教に取り込まれた結果、今のような教会暦が出来上がったのだと考えている。

では、それぞれのサバトについて、もう少し細かくみていこう。

サーオィン Samhain **［十月三十一日 ハロウィン］**

現在のハロウィンに相当する。ちょうど、秋分と冬至の中間あたりに位置しており、ここから本格的な冬が始まる。

現代のハロウィンの習俗でもわかるように、一年のうちでももっとも「魔女的」なときといえるかもしれない。イギリスのある魔女が冗談交じりに言っていたが、一年に一度だけ、自分たちが「正装」（つまり、いかにも魔女らしい格好）で街を歩いても怪しまれないですむ日だということだ。

サーオィンは、魔女の一年のおわりであるとともに、はじまりでもある。これは、古代ケルトにさかのぼるヨーロッパの重要な祭りの日であり、きたるべき厳しい冬に向けて家畜が殺され、保存用の肉に加工された日でもあった。したがって、この日は「死」のイメージと強くむすびつけられるが、のちに「異界とこの世を

【ディオニソス】

ギリシア神話の酒の神。これに仕える巫女たちは狂乱のうちにエクスタシーをむかえる宴を催した。


【アッティス】

ギリシア・ローマの青年神。世界を救う犠牲として殺害された。


【ミトラ】

ペルシアの救世主。太陽神。一時はキリスト教の大きなライバルであった。


へだてる帳が薄くなる日」とされるようになった。キリスト教には、死者や聖人の霊がやってくるハロウィンとして取りいれられていく。

　この日には死者の霊をなぐさめるために火がたかれる。この火は新年をむかえる瞬間に消され、また新しい火がつけられる。これは古い年が終了し、新しい生活がはじまったことを示すものだ。

　死にゆく太陽神のことを思いながら、死者たちのことを悼み、思う儀式を行う。沈黙のまま食事をとるというのもそうだし、場合によってはこの世を去った家族や友人たちに対して、火を献じるのもいいだろう。そして、現在の生がいかに過去の死者たちに負うところが多いかを感じるのである。

　また、サーオィンにはさまざまな占いがおこなわれた。栗を火にくべて、それが勢いよくはじけたら愛がかなう、といった占い遊びはその名残だ。

　この世とあの世のベールが薄くなるこのタイミングには、たとえばタロットなどの占いもよく当たるとされている。

ユール　Yule　［十二月二十一日　冬至］

　冬至の祭りである。太陽がその勢力をもっとも弱め、そしてまた復活するこの日は、死してよみがえる神——たとえば、ディオニソス、アッティス、ミトラ、そしてほかならぬイエス・キリスト！……と関連づけられた。教会がこの日にあわせて、クリスマスを制定したのは偶然ではないだろう。

日本でももちろん、この季節にはさまざまな祝祭がおこなわれてきた。

クリスマスツリーは、おそらくローマでこの季節に飾られていた、永遠の生命を示す常緑樹の残響を秘めているのではないだろうか。

この冬至のときには、永遠なる女神から、太陽神が新生児として弱々しいながらも新しい生命力をはらんで復活するとされている。

魔女のサバトでは神の復活劇が演じられる。一人で作業する場合は、魔女はケーキとワインで新しい光の到来を祝うことが多い。「太陽の帰還、万歳。我らは古き神に、聖なるものに、樫の木に、我らの貴婦人に、乾杯せん。すべての人に、メリー・ユール！」

もちろん、現代のクリスマスのようにプレゼントを交換しあうのもいいだろう。それは偉大な女神が、生命を新しくプレゼントすることの模倣であり、新しい男性神の生命を与えることのしるしでもある。

イモーク　Imbolc　［二月二日］

インボルクと発音されることもある。季節としては、一年の車輪のなかでは冬至と春分の間にあたる大サバトだとされる。

キリスト教では聖燭祭、キャンドルマスにあたる。魔女のカレンダーでは、この日は女神が帰還する日とされていて、自然のサイクルのなかで春の予兆が感じられるようになることと一致している。

太陽の男性神はまだ小さく、春の兆しはかすかに感じられるものの、その力は弱く、本当に春が来るのだろうか、という不安とセットの時期でもある。しかし、固くはあるものの、つぼみはそこに必ずあるのだ。

ケルトの女神ブリギットの祭りがこのころにおこなわれており、キャンドルマスが聖母マリアにゆかりが深いとされているのは、そのことと関係があるのだろう。魔女たちは、マリアはキリスト教に取りこまれた女神崇拝だとみている。

たとえば、一人の魔女はキャンドルに火をつけて、このように祈る。「心に火を、精神に火を、体に火を、風に火を、そして、女神の火を！」

この季節は浄化の季節でもあり、過去のよどみを清めていくときに当たる。不要なものを断捨離していくのもこの時期であろう。

また、新しい種子をまくときでもあり、魔女の団体によってはとくに新加入者を自分の団体にイニシエートするときに、この時期を選ぶことが多いという。

キリスト教におけるキャンドルマスというのは、この季節に光を応援するためにキャンドルをともすことから重ねあわされたのであろう。

なお、ヨーロッパに伝わるキャンドルのジンクスを紹介しておくと、芯から火花が散ったりするのは「急な訪問者がある」証拠、炎が青くなるのは「死者の霊がそばにいる」証拠だとされている。また、炎が燃えつきるまでキャンドルをほうっておくのは不吉といわれている。

オスターラ　Ostara　［三月二十一日　春分］

一年の周期でいえば、春分にあたるときである。この日、太陽の力が本格的に復活する日である。一部の魔女の伝統では、この日に冬の闇を代表する人物と春を代表する人物が模擬戦をおこない、そして春が冬を打ちまかす、というドラマが演じられた。

キリスト教では、イースター、つまり復活祭にあたる。イースターエッグが有名だが、この卵というのは、豊穣の象徴だからだ。この時期に、色を塗って飾った卵を用意してこの春の時をことほぐのである。同時に多産を象徴するウサギや野ウサギなどもこの季節のシンボルである。

魔女たちの宇宙論ではこの季節には、女神も男性神も若々しく、互いに互いを求めあい、追いかけあうカップリングの時期である。

また、このころは、愛のまじないに適した時期だとされる。テンニンカの木と、スミレを乾かし、小さな袋をつくってなかにいれ、持ち歩けば恋しい人を夢にみたり、また愛がかなう、とされている。

なお、オスターラというのはチュートン人による春の女神だとされている。キリスト教の「イースター」（復活祭）はこの女神の名前にルーツを持つという人もいる。

また、この名前は光がくる方向である東（イースト）とも関係があるのではないだろうか。

ベルテイン　Beltane　［四月三十日］

魔女のカレンダーのなかでは、サーオイン（ハロウィン）と並んで重要な大サバトにあたる。春分と夏至の真ん中にあたる、重要な季節の転換点。ここから、本格的な「夏」が始まるのである。

初夏のきざしを感じさせるのがこの季節で、魔女の世界では太陽の神が若々しい牡鹿の姿で帰還するときとされる。

男性神は偉大な女神と結婚し、結ばれる。そして大地には再び生命があふれるのである。

古くからワルプルギスの夜として知られるこの日は、民間伝承のあいだでも魔女の儀式の日とされてきた。

五月祭とよばれ、メイポールが立てられて豊穣を祈るダンスがおこなわれるのもこの日である。ポールが立てられ、そのまわりを白い服をまとった少女たちがとびはねておどる。ときにはそれぞれがリボンを手にし、おどりながら全員でそのリボンを折りあわせてゆくという行事もおこなわれた。そうすることによって「夏を織りだす」のだ。

もちろん、このポールは男性そのものの象徴でもあるだろう。

なお、今のメイデーもこの祝祭に起源があると考えられる。

リーサ　Lithsa　［六月二十一日　夏至］

太陽の勢力が頂点に達する日。また、二十四日はミッドサマーとよばれる。シェイクスピアの有名な『真夏の夜の夢』はこの日に関連するもので、古くから妖精とふしぎに関係が深い日とされてきた。この日、森にでかければ、もしかすると妖精の姿を目にすることができるかもしれない。

またキリスト教に取りいれられてからは聖ヨハネの日とされた。イエスに洗礼をさずけたというこの聖人は、ミッドサマーの日に生まれたとされたのだった。

古くヨーロッパの各地では盛大な火祭りがおこなわれていたという。

このころ、男性神と女性神の力は頂点に達し、北半球では大地が緑におおいつくされる。

人々はたき火を飛び越えることで、この世界の豊穣をことほぎ、浄化をするということもあるとされている。

キリスト教では、六月二十四日が聖ヨハネの日とされていて、民間信仰ではこの日にマジカルなことが起こるなどともされていた。

英国を代表する民俗学者チャールズ・カイトリーの著書『イギリス祭事暦』にはこのような記述がある。


「夏至祭前夜には、妖精や悪霊などが姿を現し、人里を横行する。住まいやウシ小屋や家畜を悪霊などから守るためには、六月二十三日の夜明け前、まだ夜露にぬれているうちに、〝洗礼者ヨハネの草花〟（オトギリソウ、ヨモギ、オオバコ、アラゲシュンギク、ニワトコ、ノコギリソウ、キズタ、クマツヅラ、ムラサキベンケイソウなど）を摘んでくるとよい。それで花輪を作って戸口につるしたり、あるいは、そのまま大かがり火にくべたりすれば、近寄ろうとする悪魔を追い払うことができる」

ルーナサ Lughnassad **［八月二日］**

一年の車輪を考えると、ちょうど夏至と秋分の間のころで、初穂の祝祭ということになる。

古代の言葉ではこれはルーナサ Lughnassad と呼ばれるときで、初穂が刈り取られ、太陽の力がここから少しずつ弱まっていく。

夏は真っ盛りではあるが、すでに太陽の動きの上では秋に入っているのだ。太陽の神はここで弱体化してゆく。ここから太陽は弱っていくが、しかし、女神との関係性でいえば、大いなる女神はすでに春と夏の間にこの男性神によって懐妊されているということ。

冬至のときに「死して蘇る神」として新生することになる。

ルーナサというのは、ケルトの太陽と光の神であるルー Lugh に由来する名前で、その太陽が刈り取られる、死のフェーズの始まりを記念する祝日とされているとされる。ケルト神話のルーは一説ではその名がやがてロンドンの起源とつながっているともいわれる。光を象徴する神で、この日に穀物にやどり、身を犠牲にすることによってさらに大きな収穫を導くと信じられたようだ。古くは青いリンゴと麦で祝ったという。また、スコットランドでは、最初の麦の穂を領主に献上した日という。

キリスト教に取り込まれたときには、この祝日は「ラマス」つまりパンの祝日となる。

一部の魔女たちは、この季節、野菜や果物で飾り、また、パンを焼いてこの季節を祝う風習をもっている。これからの収穫、成果を引きだすための誓いを立て、より大きな実りを祈る日とされている。

メイボン　Mabon　［九月二十一日　秋分］

昼と夜の長さがふたたび等しくなるときで、収穫作業が一段落するときにあたる。また、日に日に短くなる太陽の光をおしみ、感謝する日でもある。野イチゴやブドウがつまれ、ワインにされる。古い暦では、収穫期の最後のシーズンだということになる。日本ではまだまだ残暑が厳しいが、緯度が高い地方の古代においては、このころが最後の収穫のころだったのではないだろうか。

昼と夜が等しくなり、ここから、冬が近づいてくることを誰しもが感じることができるときである。次の大サバトであるサーオィンにおいては、太陽の神は死ぬことになり、女神はその死を悼むことになるだろう。大きな実りに感謝しつつ、変転流転する自然の摂理を感じ、そして、来るべき必要な闇の季節に向けて心の準備をするときでもあるのだ。

実りを感謝するための宴を開くこともおこなわれ、また、実りを象徴するカブ、カボチャ、麦などの穀類や果物を祭壇にささげることもある。

魔女に大きな影響をおよぼした詩人ロバート・グレーブスは、『白い女神』のなかでこの月をツタとブドウの月としている。

またリンゴにまつわるまじないもよくおこなわれた。

たとえば、このようなものも知られている。

満月の日におこなう魔法で、半分が赤く、またもう半分が青いままのリンゴを用意する。深紅の布で緑のほうをこすりながら「ファイア・スイート、ファイア・レッド、心をあたため、顔をお向け」ととなえ、今度は赤いほうにキスをする。そのリンゴを恋しい人に食べさせれば、相手は自分のものになるだろう……。

このような「サバト」は、もちろん、個人で祝ってもいいし、魔女の絆をもったグループ（カブン）があれば、その人たちと祝ってもよい。

それは自然の周期と自分をチューンナップするための行為であり、またそれ自体が楽しみでもあるといえる。

緯度が高いところでの魔女のサバトは、日本では現実に合わないこともあるだろうが、そのあたりは、実際の「旬」と合わせて独自の儀式を構築することもいいのではないか。

なお、現代の魔女のサバトについてはファーラー夫妻著、ヘイズ中村訳『サバトの秘儀』（国書刊行会）がすぐれた解説、入門書である。

古い教えをいまに生かす

現代の魔女の実践や活動を紹介してきたが、ここで話を歴史にもどそう。

さて、ガードナーによれば、『影の書』は筆写によって伝えられた、中世あるいはそれ以前の産物だった。

【アイレスター・クロウリー Aleister Crowley 一八七五～一九四七】
イギリスの著名な魔術師。ケンブリッジに学ぶも魔術にのめりこみ、中退。魔術結社「ゴールデン・ドーン」に参入、のちに独自の魔術グループを形成して、大きな影響を及ぼす。

しかし、先に述べておいたように、この主張はもはやほとんどだれにも相手にされていない。ガードナーの『影の書』は、いくつかのかたちですでに公の目にさらされてしまっているが、そのなかには、今世紀の魔術師、アレイスター・クロウリーの詩文や、キプリングの言葉が入りこんでおり、「すくなくとも、二十世紀以前の産物ではない」ことは、研究家の一致した意見なのだ。

たとえば、研究家フランシス・キングなどは、この『影の書』はガードナーが、魔術師クロウリーに金をはらって書かせたものだ、と断言している。

たしかに『影の書』のなかの儀式には、クロウリーの引用がふくまれている。またそののち、ガードナーの弟子であるドリーン・ヴァリアンテから決定的な証言がもたらされた。現在、ガードナー派のあいだで用いられている『影の書』のいくつかの部分は、ヴァリアンテ自身によって書かれたものだというのだ。

ヴァリアンテによれば『影の書』というロマンチックな言葉自体も、インドの「影占い」にヒントを得て、ガードナーがはじめて用いだしたものだという。

ただ、ヴァリアンテ自身はガードナーが接触したというニューフォレストのカヴンの実在性までは、うたがっていないようだ。

ガードナーが、本当に古い宗教の生き残りと接触したのかどうかは、もはやいまとなっては、たしかめるのはむずかしい。

いや、たとえガードナーがなんらかのインフォーマントを得ていたとしても、ガードナー派の魔女はガードナー自身の創作、スターホークの言葉を借りるなら「再・創造」であった。

ガードナーは、自分のオカルト趣味と民俗学の知識を駆使して、そこから新しい宗教をつくりだしたのだ。

けれど、新しい宗教がそれゆえに無価値である、ということにはつながらない。ガードナーが提唱し、そして生みだした流れは、ガードナーも予想しなかったかたちで拡大、伝播していく。まるで、小さな雪の塊がいつしか、巨大な流れを生みだすように……。

それは古代の魔女の宗教のなかに、現代社会がもとめてやまない、自然と人間の新たなかかわりあい、というテーマがふくまれているからだ。

魔女は、沈みゆく宗教ではなかった。

いやむしろ、現代にこそ生まれる、新たな意識の潮流なのだ。しかし、オルタナティブとしての魔女術が生まれる前には、魔女自身をもっと拡大する必要があった。いいかえれば、魔女の存在を、ガードナー以上にもっと効果的にＰＲするタレントの存在が必要だった。

「魔女の王」アレックス・サンダースとその弟子筋にあたるファーラー夫妻が、その役割をはたした。

【アレックス・サンダース
Alexander Sanders
一九二六〜一九八八】

【アレクサンドリア派】
サンダースの名をとって、彼の流れをくむ魔女をアレクサンドリア派の魔女という。

魔女術の伝道師

ガードナーが魔女の存在をはじめて世にだしたとするなら、アレックス・サンダースはそれを大いにひろめたスポークスマンだというべきだろう。実際、この生まれついてのショーマンがいなければ、魔女の運動はここまで広がらなかっただろう。

サンダースの弟子であり、ジャーナリストであるファーラーは、次のようにサンダースを評価している。

「アレックスは生まれついてのショーマンである。しかし、彼がクラフト（魔女術）に貢献したという事実は残る。彼がいなければ、われわれをふくめて多くの人間がクラフトにふれることはなかったであろう」

アレックス・サンダース、のちの自称「魔女の王」は一九二六年マンチェスターに六人兄弟の長子として生まれた。父はミュージシャンだったけれども、アル中患者だった。この不幸な環境がアレックスを魔術の世界へとさそっていったのかもしれない。

サンダース自身と、その伝記作家ジューン・ジョーンズによれば、サンダースが七歳のときのことだったという。たまたま水を飲もうと台所へ入ったサンダースは、自分の祖母が全裸で魔術の儀式をおこなっているところを目撃してしまったのだという。祖母はその場で魔術のイニシエーションをさずけた、とサンダースは語る。

数々の職を転々としたサンダースは、二十歳も年下のマキシーンと結婚、「魔女の夫妻」というかたちで新聞やテレビなどのメディアを通じて大いに名を売った。そしてその一方で、数多くの弟子をつくり、「魔女」として世におくった。これが、アレクサンドリア派の魔女と呼ばれるものだ。

だが、アレクサンドリア派とはいえ、儀式の内容そのほかは、ガードナー派のものとほとんど差はないらしい。いまではアレックス・サンダースがなんらかのルートでガードナー派の『影の書』を入手し、それをもとに活動を展開したものだというのが定説になっている。

サンダースの派手な活動によって「魔女」は白日のもとにさらされることになった。

秘密の公開から新異教運動へ

スチュアート・ファーラー、ジャネット・ファーラーの夫妻は魔女術の全貌を明らかにした者として、とくに知られている。彼らはともにアレックス・サンダースによってイニシエートされた魔女だが、しかし、その著作や活動内容のクオリティはサンダースの魔術を大きくこえていたので、ポスト・アレクサンドリアンなどと称される。

スチュアート・ファーラーは、もともとジャーナリストで、政治新聞のライターやシナリオ・ライターをしていた。

スチュアートは、あるとき映画『魔女の伝説』の技術指導をしていたアレックス・サンダースにインタビューする機会を得て、魔女術に関心をもつようになったという。そして、サンダースのグループのレポートを通じて、『魔女はなにをしているか』の著作を上梓する。

一九七〇年、スチュアートはアレックス・サンダースの妻マキシーンによって魔女として正式にイニシエートされ、魔女の一員となった。スチュアートが妻ジャネットと出会うのも、この魔女のグループにおいてだった。

元来ジャーナルストであったファーラー夫妻は、いっぽうで独自のカブンを形成しながら、どんどん魔女に関する著作を発表していった。とりわけ重要なのは『魔女の八つのサバト』と『魔女の道』の二冊である。このふたつの本は、のちに『魔女のバイブル』という名の一書となる。

この著作において、ファーラー夫妻はアレクサンドリア派（しかしその実態はほとんどガードナー派）の魔女の儀式を完全に公開してしまった。しかも、その巻末には、『影の書』の事実上の著者であるヴァリアンテの証言も入っているという決定的なものだった。この書がでることによって、魔女本来の「秘密」はほとんど暴露されてしまったといえるだろう。

もちろん、なかにはそのことに対して眉をひそめる向きもなくはない。秘密の誓いをファーラーは破ったのであるから。しかし、そのことによって魔女がより一般性をもったのも事実である。そして、その結果、魔女たちの活動も、より柔軟になっていったのだ。

つまり歴史的根拠をくずされ、また「秘伝」さえも失ってしまった魔女たちだが、しかしそのあとも運動が小さくなることはなかった。いや、むしろそのこと自体が、さらなる魔女運動の展開をうながしたことになったといえるだろう。

その理由のひとつは、魔女にとっての「古き宗教」は、ひとつの反／脱近代の旗印としての神話・象徴と再解釈されたことである。魔女は女性を抑圧から解放し、またエコロジカルな価値を再生させるものとして注目されはじめたのだ。

また、秘伝の公開が師から弟子への口伝というかたちではなく、魔術の独修、またオリジナルな儀式の形成の可能性というかたちで、より自由で発展的な魔女術運動を展開させたことも大きい。

たとえば、ガードナー派、アレクサンドリア派のほかにも、古代ケルトの流れをひくというドルイド、あるいはネイティブ・アメリカン（アメリカ・インディアン）のシャーマニズムなどの復興運動とあいまって新異教運動という大きな流

【ドルイド】
古代ケルト人の伝説的な宗教であり、その神官は特権的な位置にいたといわれる。伝承が語るところでは、オークの木を崇拝し、天文学をはじめさまざまな英知と魔術に精通し、奇術をおこなったという。現在では、イギリスで幾つかのドルイド教団が再興され、儀式をおこなっている。

【シャーマニズム】
宗教学者エリアーデによれば、シャーマニズムのもっとも大きな特徴はエクスタシー（脱魂）の技術である。シャーマンは、自分の体から魂を飛ばし、異界におもむき、病気の原因を除くなどさまざまな技をおこなう。

れを形成しはじめたのである。これらは、ワークショップで、またイベントとして、一般の人々に伝授され、そして、また一般の雑誌などを通じてPRをくり広げている。

ここへきて、魔女の宗教は単なるオカルト趣味から、より一般性をもった思想の潮流として発展しはじめた、ということができると思う。

ファーラー以後、自由なスタイルで魔女術を生みだした例では、レイモンド・バックランドがその典型だといえよう。

バックランドは一九三四年生まれのイギリス人だが、そのなかにはジプシーの血も流れているという。バックランドは、元来、ガードナー派の魔女術を実践していたが、やがて自前の魔女団を設立することになる。

十二歳のころからオカルトに関心をもちはじめたバックランドは、ミューレイ、ガードナーの著作を通じて魔女術に関心をもつようになり、活躍中であったガードナーに手紙を書き、交流がはじまった。

やがて、バックランドはガードナーのカブンにイニシエートされ、アメリカにわたったのちは、ガードナー魔女術のスポークスマンとして知られるようになる。また、ガードナーのひそみにならったのか、バックランドは魔女術にちなむ品々のコレクションを誇り、一時は私設の博物館を運営していたりもしたようだ。

そのうち、バックランドはサクソン人の文化的遺産に基づくという「シークス・

ウイッカ」を創設、ヴァージニアで本格的に多数の志願者に訓練をおこなっている。著述、宣伝の活動にも熱心で、なかでも『ツリー／サクソン・ウイッチクラフトの完全な入門書』がその代表作だ。また、オーソン・ウェルズ出演の映画『ネクロマンシー』の技術指導をおこなうなど、多彩な活動を展開している。

現代の魔女――ブダペストとスターホーク

さらに、現代でもっとも影響力が強い魔女術の流れといえば、いわゆる「フェミニスト・ウイッカ」だろう。

フェミニスト・ウイッカの代表といえば、ハンガリー出身の魔女ブダペストと現代魔女界の最良の著述家、活動家であるスターホークにとどめをさす。

ブダペストは、フェミニズム運動色を前面にだしたダイアニク派の創設者である。彼女は「宗教とは至高の政治」であるという。そこで彼女は「男女の同権が現実となるまでは、魔女術を男性には教えない」として、男性には女性とは異なったかたちでワークショップをおこなうようになっている。

こんなこともあった。彼女は魔女の呪いの力は正しく用いることで強力な武器になる、という。そこで、女性を中心にねらう連続殺人犯をパブリックな儀式で糾弾することにしたのだ。その犯人は三年間にもわたってうまく警察の手をのがれていた。

一九八〇年にカリフォルニアのベイ・エリアで魔女たちの儀式がおこなわれた三カ月後、犯人は手がかりをあらわし、ほどなくして逮捕され、死刑を宣告されたのだった。

ブダペストはこのフェミニスト運動を大きく拡大し、やがて一部の霊的フェミニズムなる運動をおこしていくことになる。

そんななかで、もっとも影響力が大きい運動家、論客といえばスターホークだろう。

大学で人類学を学んだ彼女は、ブダペストを通じて魔女術を知る。そして、二十代なかばにして名著『スパイラル・ダンス』（邦訳『聖魔女術』）をものした。

これはきわめて自由な立場から書かれた新たな『影の書』といえるだろう。現在、魔女術を独学しようとするほとんどの者がかならず手にするテキストであり、魔女術の歴史、儀式、女神、神の概念からサバトの方法、スペル（まじない）の方法、瞑想のエクササイズ、詩文などがきわめて多彩に、しかも体系的にもりこまれている。この書は、出版されて十年以上たつが、依然として魔女術の世界ではベストセラーになっている。

スターホークも、環境保護、フェミニズム運動ではかなり積極的で、当局と衝突したことも数度にわたってあるようだ。このようなパワーが魔女の宗教にはあるし、それがまた宗教としてのパワーを失ってはいないという証《あかし》にもなろう。

魔法、教えます!

サンダース以降の魔女、あるいは魔術シーンを見て特徴的なのは、魔術の秘密性と公開性の奇妙な同居だ。

魔術結社は、「薔薇十字団」がそうだと考えられたように、秘密結社であるべきだと思われている。そこには、古代から連綿と続く秘儀が継承されているはずだ。しかし、現代の魔術のグループは、非常にオープンな活動をするようになってきている。たとえば、自由な集会、通信教育制度の採用、あるいはワークショップの展開である。

たとえば、これはむしろ「魔女」よりも「儀式魔術」に分類すべきだが、イギリスに「光の侍従」(Servants of the Light)という団体がある。

十九世紀の魔術結社「ゴールデン・ドーン」出身で、現代の魔女運動に大きな影響をおよぼしている女流魔術師ダイアン・フォーチュンの結社「内なる光」の流れをくむこの結社は、システマティックな魔術の伝授をおこなっている、イギリスの最大のグループのひとつだ。

このグループは通信教育制度を取りいれることによって拡大に成功している。

【薔薇十字団】
伝説的な魔術の達人、クリスティアン・ローゼンクロイツによって設立されたという結社。無償で治療を施し、世界に奉仕することを目的としたという。十七世紀ごろ、ヨーロッパでこの結社の存在が大きく取りざたされた。

【ダイアン・フォーチュン Dian Fortune 一八九一〜一九四六】
ゴールデン・ドーンで魔術を修める。自らのグループ「内なる光」を結成。魔術に通信教育制度を取りいれて、のちの魔術結社のあり方に大きな影響をおよぼした。

僕がはじめて体系的に魔術を学んだのは、このグループの指導によるものだった。内容は、次のように構成されている。

【準備コース】
この段階で魔術訓練のいわば「試食」ができる。簡単な呼吸法、瞑想法など。

【主コース】
レッスン一から五十までに分かれている。それぞれのレッスンで、ユダヤ神秘主義のカバラからとられたシンボリズムの知識と、瞑想法が紹介される。このレッスンの実技は、おもに想念による視覚化（ヴィジュアライゼーション）で、毎月のレッスンによってアーサー王伝説に登場する「聖杯の城」をイメージの空間のなかに構築していくことになる。

テキストは、ガレス・ナイトの『カバラ的象徴の実践的ガイド』、バトラーの『魔法入門』などだ。

レッスンごとに瞑想の結果などをこまかく記録した「魔術日記」を結社のスーパーバイザーに提出する。スーパーバイザーは、日記に懇切丁寧なコメントをつけて返してくる、という寸法だ。

僕のスーパーバイザーは、途中で一度交替したので結果的に二人の「指導」を

【マシューズ夫妻】
英国を中心に新異教主義に関する著述とワークショップを広く展開する研究家。とくにアーサー王伝説、ケルト神話に関する研究書が多い。

受けることになったが、感銘を受けたのはそうしたスーパーバイザーのあたたかい友情にみちた対応であった。イギリスに旅行したときには、初対面の僕をあたたかく自宅にむかえてくれる、というぐあいなのだ。

また結社では、そのなかで小集団をべつに組織しており、希望者やスーパーバイザーの招待状をもった者には、そこの魔術儀式に参加させることもある。

こうしたグループの教育の内容は、それぞれの集団のクオリティによってかなりの差がある。なかには高額な料金をとったうえに、ずいぶんなげやりなテキストをおくってくるところもあるが、イギリスの多くの団体は、きわめて非営利的な熱情と献身によってささえられている。

「魔術」という言葉から連想されるような、願望成就のまじないを期待してコンタクトをとる向きは失望されるだろうし、また、その訓練はけっして楽なものではなく、むしろ退屈なものだ。なかには、すべてのワークをおえるのに十年以上もかかる、というグループもあるという。

最近ではもうすこし、容易で楽しめる活動ということで、一日から数日間のワークショップも開かれている。そうしたワークショップを数多く手がけているマシューズ夫妻は、かねてより、「ケルト的シャーマニズム」と銘うって、数々のイベントを各地で開催している。このあたりのスタイルは、アメリカのカウンターカルチャー運動のなかで発展した、自己啓発セミナーなどの形式を踏襲したものだろう。

さらには出版活動もさかんだ。さまざまなペイガニズムの雑誌もあるし、自費出版の形式のニュースレターはいくつもでているし、また商業系の出版社から独自の魔術のマニュアルを出版することも多くおこなわれている。

3
魔法円の外へ

「吊られた男」

旅人は、ここで木に吊り下がり、
自分を犠牲にする。
その自己犠牲は、次の生への行程だった。
死をくぐりぬけて、さらに彼はすすもうとする。

身体性の回復、女性原理の再生、エコロジーの意識、意識の変容

これまでみてきたように、現代の魔女運動は基本的にはロマンチシズムの産物だった。ガードナーがいうような、古代から連綿と続いている魔女の宗教などはおそらく想像力の産物以上のものではなかったであろうし、もしかりにそのような大文字の Old Religion（古い宗教）が存在していたとしても、現代の魔女運動とはほとんど何の関係もないだろう。

しかし、魔女運動の歴史がこんなに作為に満ちたものであることが明るみにでたあとも、その信奉者の数はまったく減らなかったし、数そのものはむしろ増加している。

もちろん、宗教運動の場合、歴史的根拠がうすくてもそれ自体ではあまり運動の発展をさまたげるものではない。多くの宗教の教祖伝はあやしげなものだし、聖書の物語ですら客観的な「歴史」として読めば、まともにとれる部分はごくわずかしかないだろう。

ある宗教の物語が伝えるのは、その「意味」内容なのだ。

現代の魔女たち自身も、そのことについてかなり意識的になってきているようだ。著名な魔女であるグウィディオン・ペンダーウェンは、このようにいう。

【C・G・ユング Carl Gustav Jung 一八七五〜一九六一】スイスの心理学者。フロイトに師事し、国際精神分析学会創立に参加したが、無意識に対する意見を異にして決別。ユングは神話が人間の深い心の層（集合的無意識）を反映したものだとした。

「われわれは、われわれの祖母たち（グランドマザー）をつくりあげる。われわれは、われわれにすべてを教えた祖母がいたかどうかにかかわらず、つくりあげるのだ。祖母が物質的な実在だったかどうか、それが想像力の産物だったかは問題ではない。一方は客観的、片方は主観的だけれど、しかし、われわれはそれを経験するという点においてはおなじなのだ」。

魔女にとって、古き母権制的な社会から父権制的な社会へ、といった歴史観はひとつの神話なのだ。

もちろん、ここでいう「神話」とは荒唐無稽な絵空事、という意味ではない。それは、たとえばユングや神話学者ジョセフ・キャンベルが解釈しようとするような、外的な事実ではなく、むしろ内的な真実を伝えるアレゴリー（寓話）としての神話ということである。

つまり、六十年代から現代に至るある種類の人々の心を満足させ、彼らが無意識的に求めていたものを、魔女たちの神話はみごとにとらえたのである。だからこそ、その客観的な存否《そんぴ》には魔女運動は左右されなかったし、またそれを乗りこえて発展することができた。

では、魔女たちが求めていたものは何だったのだろう。

それは、たぶん、**身体性の回復**、**女性原理**、**エコロジー**、そして**意識変容**の四つのキーワードに集約できるのではないかと思う。

この四つは、いずれも近代が置きざりにした、あるいは置きざりにしたと考えられてきたものだったといえるだろう。

魔女たちは、自分たちの歴史性をうたがわれたときに、そのアイデンティティーにこうした旗印を導きだしたのだ。

だとするなら、魔女の運動を、ただ魔法円という密室のなかだけでひそかにおこなうことに何の意味があるだろう。彼らは、その歴史的根拠に疑問をつきつけられて、かえってその存在理由を発見したのだ。

【J・キャンベル Joseph Cambell 一九〇四〜一九八七】
アメリカを代表する神話学者。世界中の神話を収集し、ユング的な手法を用いて分析、利用しようとしたことで知られる。

魔法円からの声

魔女たちは、秘密主義をこうして克服した。そして、多くの魔女、新異教運動のリーダーたちがゆるやかに手をむすび、ネットワークを広げはじめた。

一九九〇年、新異教主義者ケイトリン・マシューズとプルーデンス・ジョーンズは、新異教運動のオピニオン・リーダーたちのエッセイを集めたアンソロジー『魔法円からの声』を編集、出版した。内容はドルイドあり、ケルト的女神信仰あり、とじつに多彩だ。

編者のプルーデンス・ジョーンズは、その序文のなかではっきりと次のように語っている。

「ペイガニズム（異教）が二十世紀になって復活したのにはそれなりの理由がある。ペイガニズムはたしかに過去に目を向けているけれども、しかし、それは現在を生きぬくだけの価値を秘めたものなのだ。この時代にペイガニズムがふたたび出現したのは、地球規模ですすむ環境破壊に対する、ひとつの霊的な調整作用のあらわれなのである。

地球の破壊の速度は、西欧の経済中心の倫理によって加速されてきた。その経済主義は競争の原理、そして自然の資源の支配と搾取をもって支えられてきた。しかし、ペイガンたちは自然にも心をよせ、そしてまた霊的世界にも目を向ける。最近まで、世界宗教がこの惑星・地球の自然資源に対してあまり目を向けてこなかったのが実情である。

また、西欧でペイガニズム（異教）が復興してきたことは、これまで霊的世界のヌミノーゼ（宗教感情）や宗教の神秘体験があまり重視されてこなかったことにも関係がある。とくに、そのなかでの女神の不在、神的女性の原理の不在を指摘しなければならないだろう……」

マシューズやジョーンズは、積極的にテレビなどのメディアにも登場し、また魔女たちは衆目の見守るなか、デモンストレーションとしての儀式をおこなうようになってきている。

魔女たちは、西欧の文明に対して、ひとつのメッセージをおくろうとしているのだ。

それは、もうひとつの精神、もうひとつの価値のありかただったといえるだろう。

まずは自分に向けて、意識の変化を

冒頭で報告した、ウィリアム夫妻宅での魔女集会は、僕にとっては最初の「魔術」の体験だった。

そのあとも、僕は何度も魔女や魔術師たちの儀式や魔術作業に参加することになった。そのなかで、僕はたしかに「魔術」を体験した。けれども、あらためてそれが超常的な体験だったのか、と聞かれると答えに窮してしまうのだ。

現代の魔術では、べつにスプーンを曲げることもしないし、儀式の最中に悪魔が出現するということもない。また、魔術を用いたからといって、ロウ人形に釘を打ちこんだからといって、その瞬間に憎い相手が命を落とすということもない。

ケンブリッジ大学研究員のルーマン女史は、人類学者としての立場から現代の魔女たちをくわしくフィールドワークしているが、彼女の興味は現代の社会のなかでどうして「効きもしない魔術」に人々がかかわり続けるのか、という疑問から出発する。彼女の結論は、ひとことでいえば、魔術の世界の言葉やパラダイムに親しむにつれて、現実世界に対しての「解釈上の漂流」(interpretive drift) がおこるからだと答える。そして彼女はその著書のなかで、ごくふつうのパラダイムに生きていた人々が、しだいに魔術流に世界を解釈するようになるようすを克明に記述するのだ。ただし、そのプロセスはかならずしも一方的なものではなく、魔女たちは、あくまでも日常の、俗なるパラダイムに対して、ある種の「居心地の悪さ」を感じている。そこで、魔女、魔術師たちは魔術的パラダイムの弁明や正当化をたえずおこないながら、さらにそのパラダイムを強化している。

だから、魔女たちは二重の意味で「ふたつの世界を行き来する者」なのだ。ひとつは、この世とアストラル世界を行き来するという意味で、そして、もうひとつには日常のパラダイムと魔術的パラダイムを往来する、という意味で。

たしかに現実は、ふつうに考えられているほど確固としたものではない。合理的にみれば「偶然」にすぎない。目の前を横ぎる黒猫や突然ふく風に、象徴的な意味を発見することも可能だ。

僕が参加した、ある大きな儀式がはじまる直前のことだった。僕はその前日からある魔術師の家に泊まっていたのだが、儀式の会場に向かおうとそこをでた瞬間、突風がふいて家の前の木を大きくゆさぶった。そのタイミングがあまりにみごとだったのだが、その魔術師はなかば冗談まじりにだが、もう半分は真剣にこういったのだ。

「今日はシルフ（風の精）も大忙しのようだね。そう、儀式の前にはいつも奇妙なことがおこるんだ。たぶん、儀式は魔法円を開く前に、もうはじまっているんだね」

これは単なる迷信や錯乱ではなく、魔術というもうひとつの認識の枠ぐみを前提にした、世界の解釈の結果からの発言である。

ルーマン女史の認識論的な説明は、たしかに魔術や占いの基本的かつ本質的な部分をついている。だが、そこに欠落しているものは、魔術を実現したものがかならず体験する、あのふしぎな気分やムードなのだ。

たとえば、先に紹介した「月を引きおろす」儀式がある。つまり、魔女の女司祭の体に月の女神を「引きおろす」という術で、この儀式によって女司祭は女神の代理人となる。フルトランス状態でエジプトの女神イシスがおりたことがあるという、ある女性の魔術師は「全天の星のきらめきのなかに立っていたようだ」といっている。

また、魔術の儀式のときにおこる意識の変化は、魔法円を引き、そしてその空間を儀式的に封印するだけでも感じられる。何かピリピリと静電気が充満するような、けれど精妙なムードに包まれるのである。自然に呪文がリズムとなって口からあふれ、また自然に瞑想状態が深まっていく。そして、シナリオや儀式の筋書きにしたがって、神々や宇宙の力と個人が接触するように感じられるのだ。たしかに、儀式のなかでの変化や主観的なものだけれども、その主観的な意識の変化が魔術の大きな魅力となっていることにはちがいない。

現代の魔術師や魔女たちは、魔術を「意識に変化を引きおこす術」であると定義している。これは、アレイスター・クロウリー、ダイアン・フォーチュンといった、二十世紀前半の魔術界の巨匠たちの言葉である。現代の魔術にとって、もっとも重要視されているのは、むしろ主観的な体験であって、派手な奇術めいた奇術でも、治療儀礼でもない。儀式に用いられるキャンドルやそのほかのさまざまな装置は、すべてそれをねらっていると解釈されている。

その意味で、現代の魔術はきわめてパーソナルなものだ。いわゆる未開社会のなかでの呪術を研究する人類学では、呪術はその社会の構成員とのコンテクストで語られることが多い。しかし、われわれの魔術は社会への表出というよりは、まず自分自身へ向けての、きわめてナルシスティックなパフォーマンスなのだ。

地域的な共同体の崩壊と引きかえに成立してきた、まるで自己が繭のなかにいるようなリアリティーをともなった空間認識。最近、疑似体験や疑似現実をシュミレートするあそびが流行し、その種のアミューズメント・パークが数多く建設されているし、ビデオゲームの普及なども同種の傾向をあらわしているようにみえる。テクノロジーがつくる「もうひとつの現実」に対して、魔女たちは想像力によってそれを生みだす。

数占術を使ってウイッチズ・ネームをもとう

魔女は「ふたつの世界を行き来する者」である。魔女は日常の俗なる世界と、魔女としての活動の場を行き来する。そこで、魔女は日常の名前ではなく、魔女の活動をする場合の名前を魔女名（ウイッチズ・ネーム）として選ぶことになる。

典型的に選ばれるのは、ディアナ、ケリドウィン、シェバなど、神話の神々の名前だ。しかしときには、小説の登場人物の名前が使われることもある。

なかには、数占術《すうせん》（Numerology）的に正しく、魔女名が定められるように凝る人々もいる。数占術とは、生年月日や名前を数字変換し、その数字があるシンボリックな意味を表現している、とする象徴体系だ。

たとえば、誕生数（バースナンバー）は、その人物の本質的な性格をあらわしているという。求め方は、西暦に直した生年月日を、すべて一桁の数字になるまで足しあわせていくシンプルなものだ。

例をあげてみよう。一九六六年五月十二日生まれの場合は１＋９＋６＋６＋５＋１＋２＝30で、この３と０を足し算して誕生数は３となる。

次に、選んだ魔女名を数字に変換する。アルファベットは、上の表のようにそれぞれ数字に対応している。

選んだ名前がDIANAだったとしよう。すると、Dは４、Ｉは９……となり誕

【ケリドウィン】
ケルトの大女神の名。そのトーテムは白い雌ブタで、月と知恵の女神である。また、死を象徴するともいう。

【シェバ】
あるいはシャイバ。アラブ・アラム語の大女神の添え名で、「老婆」の意だという。

数とアルファベットの対応

1	2	3	4	5	6	7	8	9
A	B	C	D	E	F	G	H	I
J	K	L	M	N	O	P	Q	R
S	T	U	V	W	X	Y	Z	

生数のときと同じような手続きで足し合わせると、2という結果が得られる。魔女名は、誕生数と同じ数であることがのぞましいので、あと1文字くわえて3にする。たとえば、DIANASというのはどうだろうか。

この名前で、以後、魔女としての活動をすることになるわけだ。

名前を選んだ日に、魔法円を描く所作をし、そして、強い意志をこめて「われは今日より、魔女として生きる。古きわれは死、新たな生を得る」と宣言する。なお、ひとつ指輪なりペンダントなりを用意しておいて、魔女として活動するときにだけつけるようにすると、魔女とそれ以外の世界の境界がより強固になるはずだ。

なお、誕生数の意味は以下のとおりである。

1　創造性、リーダシップ
2　感受性、受動性、反映
3　発展、理想
4　独創性、平等の意識
5　知性、好奇心
6　愛、美
7　直感、神秘

8　現実、形式

9　闘争、意志

「魔女名」は、「ふつうの人々」が魔女としての活動をおこなうときに用いる名前、パーソナリティーを表現している。広く魔術では名前に魔力があると信じられてきた。古代エジプトでは、「真の名前」を知ることが相手への支配力を獲得することであって、それは相手が神々の場合でも同じだった。神の名を知ることによって神をコントロールすることもできたというのである。また、同様のことは、ファンタジーのなかでもル・グウィンの『ゲド戦記』などに典型的にあらわれている。

ここで、数占術的世俗名と魔女名の数を合わせるというのは、いかに仮面をつけかえても本質的なアイデンティティーは失わない、という意味がこめられているのだ。

ファンタジーに親しむこと

ある日本にすむ魔術師が、僕にこう語ってくれたことがある。

「昔は任天堂がなかったから、魔法をやっていたんではないだろうか」と。

魔術が、もうひとつの世界へと移行する技術だとするなら、そして、そのため

【トールキン J.R.R.Tolkien 一八九二〜一九七三】イギリスの言語学者、ファンタジー作家。『ホビットの冒険』や『指輪物語』が有名。

のキーワードが「意識変容」だとするなら、ロールプレイやビデオゲーム、ファンタジー小説もそんな「技法」のひとつだといえる。実際、アレイスター・クロウリーは、演劇的なものが魔術の儀式の形式としてもっとも魅惑的なもののひとつだ、と述べており、そのシナリオには古今の詩人の名作を多分に取りいれるべきだといっている（『魔術　理論と実践』）。

魔術の儀式の重要な点は、ひとことでいえば「なりきること」である。物語のなかで、磁器のカップは光かがやく聖杯となり、そしてプラスチックの棒は魔法の杖となる。それは、子供のような心の没入から生まれてくるのだ。

子供のころ、人は寝物語に昔話やメルヘンに心ときめかせていたはずだ。ときには、目を閉じればその夢の国の情景がありありと見えたこともあったのではないだろうか。あるいは、自分だけにしか見えない秘密の友達をもっていたかつての少女も、風呂敷のマントをつけて、スーパーマンのように「飛んだ」かつての少年も、この本の読者のひとりであるかもしれない。

魔女や魔術師がくぐるドアは、そんなファンタジーの世界にも通じている。そして、彼らはその世界とこの世界をいまでも自由に行き来する数すくない大人なのだ。その意味ではファンタジー小説やロールプレイングゲームと魔術は大きな共通項をもつ。

実際、魔女や魔術関係者がつくったロールプレイングゲームやファンタジーは数多い。また、トールキンの作品を儀式にしている魔術師もいる。

ファンタジーは、魔術師にとってはけっして何もない、空虚な妄想なのではない。それは、アストラル世界に存在する、もうひとつのリアリティーなのだ。

心理学者のユングは、それを「心的リアリティー」と呼び、そのことによってユングは、魔術師や魔女の多くを勇気づけることになった。それはつまり、ファンタジーがけっして空虚なものではないということを述べたからだった。

ユングにとっては、ファンタジーを生みだす心の深層こそがリアリティーの源泉だった。ユングはいう。「単なる主観の単なる心というのはまちがいだ。われわれは、心のうちにおいてしか何も経験できず、心的経験こそがもっともリアルなものだ」と。しかも、その心はわれわれが恣意的に動かすことのできない、自立性と創造性がそなわっている。

「心は日々現実を創造している。私はこの活動をファンタジーという言葉でしかあらわすことができない」(『心理学と宗教』)

無意識のもつ創造性をもっとも生き生きとあらわし、そしてそれによって現実に「意味」をあたえる場として、神話、儀式、ファンタジーなどがあげられる。

たとえば、ロールプレイングゲームのヒットメーカーとしてよく知られている人物にアイルランドのJ・ブレナンがいる。彼の著作は日本でも数多く翻訳出版されているが、実はれっきとした魔術師で、その方面の著書もある。

また小説のジャンルでは、何といってもマリオン・ジマー・ブラッドリーのファンタジー『アヴァロンの霧』シリーズが有名である。アーサー王伝説をリファインして語りなおした、このロマンティックな小説は、アメリカやイギリスで大ベストセラーになった。参考文献謝辞のなかには、実際の魔女団体、あるいはスターホーク、ダイアン・フォーチュンら著名な魔術関係者の著作がふくまれており、ストーリーのなかに理想化された魔女の術が美しく取りいれられている。邦訳があるのでぜひごらんいただきたい。

ほかにも、ダイアン・フォーチュンの『海の女司祭』『月の魔法』などが現実の魔術関係者たちをインスパイアし続けている。

もちろん、デニス・ホイートリの『黒魔団』や、マイケル・ムアコックのＳＦファンタジーなどもよく読まれている。アレイスター・クロウリーが、魔術師が読むべき本としてフレイザーとともにルイス・キャロルの『不思議の国のアリス』をあげて以来、魔術とファンタジーは不可分の関係にある。

かつて、イギリスの著名な魔女であり、魔術師であるマリアン・グリーンは、あるエッセイのなかで、最近の魔術志望者はあまりそうした小説を読まなくなったといって嘆いていたが、本来はファンタジーを自由に羽ばたかせることのできる者だけが、そして、物語のなかに没入できる者だけが魔術師になれるのだ。

また一方では、小説への魔術からの影響も無視できない。たとえば、これは僕

【エンデ　Michael Ende　一九二九〜一九九五】ドイツの作家、俳優。『モモ』や『はてしない物語』が有名。

【シュタイナー　Rudolf Steiner 一八六一〜一九二五】ドイツの神秘思想家。神智学に対し人智学を創設。後世の各方面に影響をあたえた。

の推測にとどまっているが、ミヒャエル・エンデの名作『はてしない物語』もそのひとつではないだろうか。ファンタジーの国「ファンタージエン」に入りこんだバスティアン少年はその国の女王のしるし、アウリンのペンダントをあたえられ、そして、その女王である少女に、「月の子」という名をあたえることによって危機にあるファンタージエンを救いだす。この「アウリン」の裏には「汝ののぞむところをなせ」という言葉がきざみこまれていた。

じつはアレイスター・クロウリーの小説に『月の子』というものがあり、さらにクロウリーみずからの教えの中心においたのが「汝ののぞむところをなせ」という言葉だったのだが、これは偶然の一致とは思えない。

エンデがルドルフ・シュタイナーの影響を強く受けていたことは知られているが、有形無形の魔術サイドの影も見られるのではないだろうか。

内なる宇宙をさぐる三段階のイニシエーション

魔術の儀式において、僕たちがすべてではないにしてもほんのすこし垣間みることができるのは、深層にひそむ広大な無意識の世界だろう。魔術の儀式を通じて、あるいは呼吸法やダンスを通じて、魔女たちはいわゆるさめた、通常の意識だけが心の唯一のありかたではないということを実感として知るのだ。それは、近代

【深層心理学】
フロイトやユングに端を発する心理学の流れ。無意識の深い層を探求、分析する。

【トランスパーソナル心理学】
行動主義心理学、精神分析学、人間性心理学に続く心理学の第四の勢力とされる。単に障害を治癒させるだけでなく、事故超越的な領域へと人間の魂を導こうとするもの。

【ウィリアム・バトラー】
William Butler 一八九七〜一九七七
ダイアン・フォーチュンに師事し、のちに独立して結社「光の侍従」を創立した魔術師。

の合理的な自我のみをたよりにしてきた人々にとってみれば、「新大陸発見」にも比すべき衝撃だろう。

ここで、魔術は、深層心理学やトランスパーソナル心理学に限りなく接近していく。

周知のごとく、フロイトが見出した無意識のさらに深層に、人類が共通してもつという「集合的無意識」の層を発見したとユングは主張した。この集合的な無意識の層から、神話的なイメージやモチーフがあらわれてくるとし、むしろこの層こそが生の源泉だとユングは考えた。しかし、いわゆる近代的な自我は、そうした神話的な集合的無意識との適切な接触を失ってしまったために、「根なし草」となり、さまざまな危機を抱えこむことになっている。そこで、生の全体性を回復させるためにも、もう一度、内的宇宙へと目を向けるべきだという。

ケン・ウィルバーやスタニスラフ・グロフといったトランスパーソナル心理学の旗手たちは、ユングの説を押しすすめ、従来であれば単に「異常」とみられたような、変性意識状態（宗教的トランス、憑依、悟り体験など）のなかに成長への可能性を発見し、そうした意識状態を誘導するテクニックとしてヨガや禅、またイスラム神秘主義などからさまざまな技法を吸収してきた。

魔術は、現代の魔術の指導家ウィリアム・バトラーによれば「西洋のヨガ」ということになる。魔法の修行の方法は、一種の心身のコントロール法なのだ。

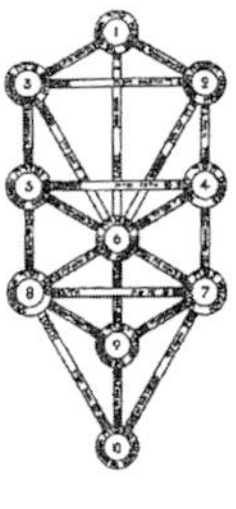

【生命の木】

1 ケテル
究極的な存在、原初の存在
2 コクマー
究極の男性的存在
3 ビナー
究極の女性的存在
4 ケセド
慈悲、同化作用を実現
5 ゲブラー
正義、必要な破壊
6 ティファレト
美、調和と中心
7 ネツアク
本能的な側面、直感
8 ホド
知性、合理的な側面
9 イエソド
アストラル世界、感情世界、生殖
10 マルクト
物質世界

また、トランスパーソナル心理学のもっとも野心的な点は、そうした意識状態を単に「トランス」とか「変性意識」とひとくくりにする代わりに、さまざまな層にマッピングしようとしたことにあるといえるだろう。たとえば、ケン・ウィルバーは「意識のスペクトル」理論を展開する。つまり、人間の意識状態はちょうど虹やスペクトルのように、段階的にさまざまなレベルの状態が連続したものだ、と。意識を「影」「自我」「実存」「トランスパーソナル」といったさまざまなレベルにマッピングしていく。

同様のことは、魔女や魔術の世界でも積極的にいわれてきた。たとえば、儀式魔術では、ユダヤ神秘主義カバラの「生命の木」が魂のブループリントとして用いられている。

十の異なる球とそれぞれを結ぶ二十二本のカバラからなる、単純なこの図形は、宇宙の雛形であるとされている。この十の球（セフィロト）は宇宙的なカテゴリーをあらわしているという。

魔術師は修行をへて、この階層をマルクトから順次、ひとつひとつのぼってゆくと考えられている。そして最終的にはケテルの体験、つまり神そのものとの対面を果たす。

儀式魔術と比べればそのマッピングはかなりゆるやかだけれども、魔女の世界では、三段階のイニシエーションが意識を深めていくプロセスと同定している。

たとえば、アレクサンドリア派の魔女ヴィヴィアン・クロウリーは、その著書『ウイッカ』で、ユング心理学の個性化の過程、自己実現のプロセスと、魔女の秘儀参入の道を比較している。クロウリーによれば、魔女の最初のイニシエーションは、「シャドウ」つまり自分のなかにある未熟な自分との対決であり、第二のイニシエーションは「アニマ」あるいは「アニムス」との対面（つまり自分のなかの異性的な側面との対面）、第三段階として本来の自己性の獲得、セルフの獲得とパラレルである、と説いているのだ。

魔女や魔術師たちは、本来、理論からは遠い、無意識の広大な海に対して魔術の宇宙観、コスモロジーをかさねあわせ、一種の地図を作成しようとしているのだ。そしてそれが魔術の道を進むうえでのガイドラインとなっていく。

しかし、なぜ、魔術ではこのような魂のマップをつくるのだろうか。それは、魔術はあくまでも「ふたつの世界の行き来」に主眼をおいているからだ。単なる夢想家は、あちらの世界に行ったまま「この世界」へはもどらない。また、外的な現象のみが現実だと信じている者は「あちらの世界」を知ることもない。ただ、魔術師と魔女そして詩人が、あちらとこちらの世界を行き来し、そしてその「両方の世界をすこやかなものに」していけるのだろう。

魔女の体――リラクゼーションと呼吸法

魔術がもたらす意識の変容は、ただ肉体からの離脱をめざすものではない。現代の魔術においては、肉体や性が最初から重視されていた。魔女たちの教えによれば肉体は女神の美しい顕現のひとつなのだ。

魔女の、あるいは魔術師たちの修行の初級コースに参加したとしよう。最近はやりのワークショップ形式でも、通信教育、あるいは師から弟子へという伝統的な方式でも、かまわない。いずれの場合もまず最初に教えられるのは、全身のリラクゼーションと呼吸法であろう。筋肉の緊張は、体のなかを流れるべき霊的なエネルギーを阻害してしまうというのだ。

全身の筋肉をリラックスさせるというのは簡単なようでいてむずかしい。力をぬこうと意識すればするほど、かえって力が入ってしまうものだ。しかし、ちょうど自転車に乗りはじめるのと同じで、コツさえつかめばすぐにできるようになる。同様に、深くゆっくりとした規則的な呼吸をするように訓練する。すると、それまで鈍感だった体全体に意識がいきとどき、やがて心臓の動きや皮膚の感覚などがとぎすまされてくる。また、リラックスするにつれて、さまざまな記憶がよみがえってきたりもする。

さらに、魔術ではヨガの用語で「チャクラ」と呼ばれている、体のエネルギー

【チャクラ】人体にあるとされるエネルギーの中心点。その動きが活性化されるとさまざまなパワーが目覚めるという。

【W・ライヒ Wilhelm Reich 一八九七～一九五七】フロイトの影響で性エネルギーを重視したが、精神よりもさらに身体に重点を置いたセラピーを開発。

センターに意識を集中したり、また呼吸と意識の集中を媒介にして大地からエネルギーを汲みだしたりする、ということもおこなう。

ここで思いだされるのは、ライヒ派とよばれる心理療法の流派がおこなう、ボディ・セラピーとの類似だ。

フロイト左派と呼ばれることもあるライヒ派では、筋肉は感情を抑圧するための一種の鎧だと考える。たとえば、泣きたいのをがまんすると胸が苦しくなる。泣くという本能的な欲求を抑圧するべく、胸の筋肉が緊張しているからだ、という。こうしたことが無意識的に続いて習慣化すれば筋肉は慢性的に緊張し、自然な感情を抑圧し続けるための鎧と化してさまざまな障害をもたらす、というのだ。

そこで、この流れをくむセラピーではマッサージを使って筋肉をときほぐす。ライヒ派のほかにも、現在ではさまざまなボディ・セラピーの技法が導入されていて、そのカタログさえ発行されているほどだ。魔女たちがリラクゼーションと、ダンスなどのリズミカルな運動を用いて体に意識を向けるのは、そうした流れと無縁ではない。

ギリシア以来、肉体は精神の牢獄だとする心身二元論がヨーロッパでは支配的であった。女性性がまた身体性と結びつけられてきたことからも、魔女たちが、もうひとつの価値観として「古い道」と模索するとき、魔術のなかに身体への意識を取りこもうとしたことも理解に苦しむことではないだろう。

そして意識は大地へ向かう

瞑想や呼吸法で純化され、抑圧から解放された意識はどこへ向かうのだろうか。たぶん、魔女たちはシンプルにこう答えるはずだ。

「大地へ」と。

魔女たちは意識の拡大を強調し、自然との「即融」を説く。女神という存在において、自己と他者が融合すれば、他者の痛みはそのまま自分の痛みとなるはずだというのだ。その他者にはもちろんマザーアース、母なる地球もふくまれる。

魔女たちがこぞってエコロジー運動に参加してきているというのも、そう考えてくれば理解できよう。

そもそも魔女たちの教えは、すくなくとも理念的には旧石器時代にさかのぼる、「森の宗教」のはずだった。自然のサイクルを体感し、それと同調することこそ魔女術の本領だ。

その自然回帰的な指向性は、近現代の環境破壊に敏感に反応する。レックス・ネモレーシス（森の王）の末裔たる魔女が、砂漠化しつつある地球をだまって見すごせるはずがない！

アメリカの有名な魔女であるレオ・マルテルロは「新異教主義は先・ユダヤ＝キリスト教的な自然崇拝である。つまり、ペイガンは霊的な意味でのエコロジス

【大地】
大地のエネルギーを人格化したものを地霊（ゲニウス・ロキ）と呼ぶ。大地を流れるエネルギー・ラインを魔女たちは重視しており、さまざまな古い遺跡（ストーンヘンジやドルメン）は、そうしたエネルギーの中心地に立てられているという。

【ミスルトー】
ドルイド僧たちが聖なるものとしてあがめた、オークの木に生えたミスルトー（ヤドリギ）。

トなのだ」といっている。

また、ある魔女グループのリーダーはこうもいう。

「ペイガンの世界観によれば、地球は地母神であるにもかかわらず、長らく凌辱され、搾取され、汚染されてきた。この地上で生きようとするなら、もう一度地球を浄化し聖別しなければならない。……エコロジー運動とペイガニズムは自然のバランスをふたたび回復させることをめざす。もしエコロジーに興味がないのなら、その人はペイガンにはなれない」

魔女のグループが発行するニュースレターの多くは再生紙を利用しているし、イギリスのサリーに本拠をおくドルイド教団では、積極的に植林のための募金をおこなっている。また個人的にも聖木（オークなど）を植林して保護することを勧めている。

ちょっとしゃれているのは、かつて存在していたＰＡＮというグループである。『パイプス・オブ・パン』という機関紙を発行しているこのグループは、正式名称を「ペイガン・アゲインスト・ニュークス」（反核の異教徒）という。ＰＡＮはそのイニシャルをとったものだが、もちろん、それは同時に森の神パンをあらわす。この魔女たちのネットワークは、活動の大きな比重を反核運動にあてているようだ。

一般の人間も参加させるかたちでの「アース・ヒーリング・リチュアル」（大地を癒す儀式）もさかんである。これは、母なる女神としての大地をふたたび意識しようという一種のデモンストレーションでもあるのだ。

魔女のエコロジー

魔女たちのこのようなエコロジーは、いわゆるニューエイジ・サイエンスの理論のひとつ「ガイア仮説」と結びつく。

イギリスの科学者ジェイムズ・ラブロックがとなえたこの説は、地球が生命を保持するのに適した絶妙な環境を、あまりにも長い間、保持し続けていることへの「気づき」から生まれた。たとえば、大気にふくまれる酸素の量は数十億年ものあいだ、生命の生存にとって最適な量である二十一パーセントに保たれてきた。もし、この量よりも酸素がほんの二、三パーセントすくなくても、大型の生命体はエネルギーを獲得することができなかっただろうし、逆にそれよりも数パーセント多ければ、落雷や火山によって発生した火災はとどまることなく燃え広がり続けていたはずだという。

もちろん、酸素は非常に多様な変数のひとつにすぎない。実際にはほとんど無限ともいえるような条件が、生命の生存に可能なように絶妙に調整されている。しかもその条件が数十億年もの間、保たれてきたというのは、偶然というにはできすぎている。

ちょうど人体が体温を一定に保つような、ホメオスタシス（恒常性）のシステムを内蔵しているように、地球もひとつのシステムとしてそのような機能を潜在させているのではないか、というのがラブロックの基本的な考え方であった。つまり、地球を一個の生命とみなしてみよう、という発想なのだ。

ガイアとはギリシア神話における地母神の名前だ。ガイアは大地であり、そのまま女神なのだ。

科学的な理論とはいえ、それは時代の要請、時代精神のあり方とは無縁ではないのは当然だ。ガイア仮説の登場は、魔女的なエコロジー意識の誕生に大きな影響を与えたし、それはまたひとつの時代的な意識の反映だともみることができるだろう。

女神信仰のネットワーク

ここで述べてきたような、意識変容、身体性、エコロジーの意識は、最後にあげるこのキーワードに収斂されていくようにみえる。それは、女神原理の再生だ。つまり、自然、内へ向かう意識、身体性などはいずれも近代的な文化＝男性原理＝西欧＝キリスト教によって抑圧されてきたと見られている。なぜなら、ヨーロッパの伝統では物質（Matter）は「母」的なものと見られてきたのだし、それに対立する精神、あるいは霊性はつねに男性性に対応されてきたのだから。そこで、「異教」はそのアンバランスへの救済・補償原理になると見られるわけだ。

先に述べたように、現在の魔女神話の母ミューレイは、「ディアナ・カルト」といいながらも、最初、有角神を中心においた宗教のイメージを抱いていた。だが、ガードナーでは女神がクローズアップされてくる。そして女司祭の役割が重視されるわけだし、また、そこからも女性の権利の意識とも結びつき、フェミニスト・ウイッカを生みだす。Z・ブダペストはフェミニズム運動を展開する魔女の代表だが、彼女は「女性は、魔女であろうとなかろうと、宗教的活動では、抑圧されたままだった。……なぜ、偉大な宗教がこのような女性への憎悪に取りつかれてきたのか」となげく（The Holy Book of Woman's Mysteries）。

魔女たちの女神は原理としての女神であって、特定の人格的な女神ではない。たとえ、イシスとかケリドウィンといった女神の名前を用いたとしても、それは大いなる女神原理のひとつのあらわれだと解釈されている。

アイルランドに本拠をおくイシス友邦団（Fellowship of ISIS）などは多様なる女神を、ひとつの原理のあらわれとみて信仰している。

六十カ国以上の国に一万人近い会員を抱えるこのグループは、世界中の女神信仰者、その賛同者をジョイントさせようというネットワークだ。創始者はオリビア・ロバートソンとその兄弟ダントン・ロバートソン。アイルランドのクロンガルに城をかまえる、おそらく世界最大のペイガン・ネットワークだ。

　このグループは、エジプトの大女神イシスの名前をかかげてはいるが、別にイシスを「本尊」としているわけではない。マリアだろうが、観音（観音は中国の女神と理解されている）だろうが、ケルトの女神ケリドウィンであろうが、アマテラスであろうが、かまわない。実際、クロンガル城の地下には世界各国の女神をまつる神殿、祭壇がしつらえてあり、そのなかには日本の女神ウズメをまつるものさえあるそうだ。

　女流魔術師ダイアン・フォーチュンは、「多くの男神は一人の神、多くの女神は一人の女神であり、その背後に一人のイニシエーターがいる」と、よく引用される句を残している。つまり、世界中の女神は、さまざまな女神の祖（アスペクト）にすぎないわけだ。いや、いわゆる神格としてのみならず、魔女たちにとって、岩に、風に、体に、女神は世界のいたるところに顕在している。ガードナー派の女神への賛歌（チャージ）に、「千の名を持つ女神よ……」とあるのはそういう意味なのだ。

魔女が陰と陽のバランスを保つ

　そうした女性原理への回帰運動は、魔女たちの間だけでおこってきたものではない。魔女の宇宙観と深層心理への並行性が、深層心理学やトランスパーソナル心理学に影響されながら、あるいはそれに歩をそろえるかたちで登場してきたように、魔女たちの女神論はエコロジカル・フェミニズムや、より広くは「ウイメンズ・スピリチュアリティ」の思想運動と絡みあってでてきたものだ。

なかには、すべて魔女は「女」でなければならないとするラディカルな魔女グループ（そのなかのいくつかはレズビアン／ゲイ運動、コミュニティと連動している）や、その反対に男性だけのゲイを中心とした魔女グループ（フェアリー・トラディションと呼ばれる）もあるが、一般的には男性原理・女性原理の相補的なバランスを重視している。ここで重要なのは、男性原理、女性原理はどちらの生物学的な性にもふくまれているということだ。いままでは男性原理が男性に結びつけられ、そしてそれが一方的に肥大したために、女性原理を強調しなければならない、ということだ。

そうした見方はウイメンズ・スピリチュアリティーやニューエイジ運動とふたたび、きわめて接近する。

いわゆるニューエイジ・サイエンスの旗手、フィリッチョフ・カプラは、そんな相補的バランスのシンボルとしてタオの陰陽をもちだす。つまり、

「陰／女性的、収縮的、保守的、反応的、協力的、直感的、神秘的、統合的、非直線的、全体的

陽／男性的、膨張的、先鋭的、積極的、競合的、合理的、科学的、分析的、直線的、

【タオ】

「道」、中国の道教の原理。


断片的」

と分類したうえで、「今日の文化が一貫して陽的な要素だけを鼓舞、称賛し、直感的な（つまり陰的な）側面を無視してきたことは、きわめて明白である」（「陰陽バランス」『フェミニズムの宇宙』に収録）と分析する。だからこそ、そのバランスの修復は、女性原理の復権としてのフェミニズムと結びつくわけだし、「人間であるということとは何か、ということを徹底的に再定義することにほかならない」し、それが「われわれの文化のさらなる進化にきわめて大きな影響をあたえるだろう」（「陰陽バランス」）というのだ。

日本のエコロジカル・フェミニストの最大の論客、青木やよひは、カプラのこの図式を援用しつつ、期せずしてミシュレを引いて、まさに現代の魔女運動と同じ主張をした。

それによると、「魔女こそは古代社会の女預言者の末裔であって、病気やケガの治療を行ったのに違いない。……そしてその施療の特徴は、何よりも身体を精神と分離することなく、また自然界の動きと人間の病をその関連のなかにトータルに捉えていたことだ。……確かに魔女とは「文明化」に対する野性の反逆であり、中央集権化への土着文化の抵抗であり、また歴史の表面を織り成していく男の文化に対する女の文化の体現者であったに違いない」（『フェミニズムとエコロジー』）。

しかし「文明」の社会では、性が経済的功利性を追求するための道具として操作されるために、女性性が、「女性」そのものとしても、また女性原理のレベルでも抑圧されてしまう。

このような視点に基づいて、霊的女性原理の復活をねらう動きがウイメンズ・スピリチュアリティーと総称されて、大きなうねりをみせている。大手出版社ハーパー・アンド・ロウは、そのジャンルの本を網羅したカタログを出版し、また同様の趣旨に基づいたアンソロジーが多数出版されている。

また、女神の具体的な像の研究は、そのなかで女性原理のもっとも純粋なかたちの元型としてのあらわれと見られるので、女神のイメージの研究もさかんだし（たとえば、バーバラ・ウォーカーの『神話伝承事典』）、また工芸、詩、ダンスなど、アートを通じての表現もさかんだ。

魔女は、ここでも古くて新しい意識の担い手とみずからを位置づけているのだ。魔術の儀式そのものが、女神讃美のための、一種の芸術的な表現だし、それがまた、女性原理の創造性を刺激していると考えられているのだ。

エピローグ

古くて新しい月の娘たちに

「世界」

到着したのは「世界」。
女神が地球のうえで、
永遠のダンスをおどる。
そこでは、あらゆる対立がひとつになる。

魔女が回復させるもの

魔女の術が魔法円を踏みこえて一般化してきたのは、これまで見てきたように魔術が時代的精神をうまく汲みあげる格好の象徴となったからだった。

魔女たちはいままで近代が抑圧してきた女性、自然、身体を解放し、そしてまた内なる女性原理、つまり深い非合理的な、神話的な意識に正当な評価をあたえて、それを解放すると考えている。なぜなら、魔女は単なるアンチなのではなく（もし魔女がキリスト教枠内のアンチなら、それは異教ではなくサタニズムとなったはずだ）、異教（ペイガン）、まさしくもうひとつの価値体系の模索なのだから。

その主張はまた、アメリカの西海岸を発端に広がっていったカウンターカルチャー運動の主張とも類似していた。

六十年代を境に欧米で、そしてそれに呼応するかたちでこの国でもオカルトブームが巻きおこってきたのはよく知られている。スプーン曲げが流行し、ＵＦＯがなかば宗教的な熱気をもって受けいれられた。また、オリエンタルな宗教が欧米で若者たちに熱狂的に支持されたことに、僕たち東洋に生まれ育ったものは奇異のまなざしを向けていたはずだ。

その運動は単にオカルトや、スピリチュアルな面だけで進んでいくわけではなく、フェミニズム、エコロジーなどなど、ニューエイジやホリスティックといわれる、対抗文化的な運動と連動しているように見える。

カウンターカルチャー的な思想家のなかでも、最良の論客の一人だといえる、モリス・バーマンは『デカルトからベイトソンへ』のなかでこういう。

「フェミニズム、エコロジー、民族主義、超越主義（宗教復興運動）、これらは一見、政治的には何の共通点もない。けれどもそれらはみんな、同じ一つの目標に向かって収斂しつつあるかもしれないのだ。……むしろ、こうした運動は、工業文明によって抑圧された「影」たちを代表していると考えるべきだろう。女性、荒野、子供、身体、創造的な頭と心、オカルト、非都会の諸民族、ヨーロッパと北アメリカの周辺地域。これらはみな、工業化の中核地帯のエートスに巻きこまれたことがなく、これからもけっして巻きこまれないだろう、周辺的な存在である。

では、こうした「対抗文化」のさまざまな要素を結びあわせる共通のきずなはあるのだろうか？　おそらくそれは「回復」（Recovery）という概念である。それらがめざすのは本来、われわれのものであるはずの、身体、健康、性、自然環境、原初的伝統、無意識の〈精神〉、土地への帰属、共同体、人間同士の結びつきの感覚、そうしたものを回復することである」

魔女の復興運動が、そんな対抗文化的な流れのなかで、注目されてきたというのは明らかだろう。彼らが「回復」しようとしたのは何だったのか。それは「世界」や「宇宙」との強いつながりの受感、リアルで意味ある世界をもう一度「生きる」

という感覚だったといえる。そして、それが一種、宗教的なひびきをもった動きになっていくのはある意味では当然だった。なぜなら、世界からその意味を取りさってしまったものは、彼らからみれば近代的な合理性そのものだったし、それに対抗するものといえば「近代」が排除しようとした呪術的なもの、スピリチュアルなものに見えたからだ。

自然という女神を支配してきた歴史

M・ヴェーバーにならえば、近代は「呪術の追放」とともにすすんできたといえる。魔術的な世界観においては、天の星と地の石が共鳴しあい、そして、そこに人間の心が浸透しあっている。人間の体も、石も宇宙も、等しくまた女神の体なのだ。近代の科学は、世界をあえて対象化し、主体と客体を分離し、それを冷徹な目で見つめることによって、成立してきた。

あるいは個人の権利やさまざまな近代的な制度の誕生も、そのような主体と客体の分離と密接に関連している。世界からそれぞれに断絶している主体としての自我があるからこそ、個人主義とそれに基づく制度が誕生してきたのだ。

前述のモリス・バーマンによれば、そのような近代的な目は、乱暴にいえば、デカルトとベーコンという十七世紀の哲学者によってその大枠が完成されており、僕たちのいまの世界の見方は、この二人に決定的といっていいほど影響を受けているという。

デカルトはご存じのように「我思う、ゆえに我あり」と、となえて精神と物質を別々のものとして見た人物だ。つまり、デカルト以来、物と心がはっきりと分裂して、魔女たちは世界と語ることをやめた。そして、ベーコンは、それみずからは、すでに語ることのなくなった自然から秘密をさぐりだすために、「実験」という方法をもちだした。ベーコンはいう。われわれ人間でも、かくされた心や性質を知ろうと思えば、平静でいるときよりも何かの試練をあたえられたときのほうがそれが明らかになる。自然もまた同じだ、と。彼は「術策《じゅっさく》を使って自然を責める」こと、つまり実験によって自然の力を発見できる、と説いたのだった。

石はくだかれ、酸にとかされ、また熱で焼かれてその性質を明らかにされていく。その結果、いままで人々をまどわしていた「迷信の恐怖」は追放され、近代という明るい光が中世の暗黒を照らした、というのがふつうの教科書にのっている説明だ。しかし、これは「魔女」への拷問と同じ論理であることに、特別の注意をはらう必要があるだろう。

モリス・バーマンは、ヴェーバーが「呪術からの解放」というふうにしかみてこなかった近代への移行を、世界をおおっていた魅惑的な魔法がとけていく、不幸な経験だったと考えている。おそらく、現在の多くの魔女たちも同じように考えていることだろう。

「自然を責めて」その性質をあばき、そして支配するというのは自然そのものへのレイプといってもいい。おかげで人間は「快適さ」を生みだす技術を手にいれた。しかしまた同時に、資源をほりつくし、また環境を破壊するような現在のテクノロジーのあり方も、デカルトやベーコンがだしたような世界の見方が、直接的、間接的に引きおこしたものだった。

いや、厳密にいうなら近代の科学の成立時はまだよかった。ガリレオ、ケプラー、ニュートンなどが世界の秘密を解こうとしたのは、世界は神の作品であり、そして、それは人間の知性によって理解することができ、さらにそれを読みとることが神を賛美するひとつの道だ、という強い信念があった。アインシュタインも、「神はサイを投げない」といって、宇宙の崇高な神秘を賛美していたという。

しかし、そのような宇宙的な有意味性を手にできたのは、数学的な想像力をもった一部の科学者たちであって、多くは機械論的な宇宙のイメージと、ばらばらに分断させられた個人主義的な人間関係のあり方、つまりすべてを相対化してゆく、無機的な自由のなかにある。

人間は、自然や宇宙とのいきいきとしたつながりを、つまり「意味」をみずからはぎとってきた結果、果てしなく深い孤独に投げだされてしまう。

世界と自分のあいだに、意味に満ちた橋をかけよう

従来の歴史の見方によれば、近代ははるか以前に呪術から解放されたのだし、現代の魔術は単なるエンターテイメントか、もしくは撲滅すべき迷信ということになる。にもかかわらず、魔術は、あるいは魔女は現在でも絶えることはない。

「魂は生来宗教的である」と述べたのは、心理学者ユングだった。彼は、近代は宗教的な、生きている象徴を失い、生きるべき神話を失ったために、人々が根なし草におちいってしまった時代だという。そのなかで人の魂は枯渇する。あるいは、そのような宗教的本能、価値を生みだす象徴や神話が貧困化した結果、圧倒的な無意識の宗教的欲求がときとして爆発し、たとえばナチスのような巨大な無意識的な集合運動を引きおこしてしまうことがあるのだともいう。だからこそユングは、「私が生きている神話とは何か」と問い、そのために手段として彼の心理学を構築していったのだ。

現代の魔術は、ふたたびそのような無意識的な宗教本能を満足させ、そして世界と自分とのあいだに、もう一度意味に満ちた「橋」をかけさせようとする営みだといえよう。

実際、経験的な次元では堅固な合理的なパラダイム、認識の枠ぐみだけでは説明できないような現象はたしかに存在するのだ。

魔術や魔女術は、先にも述べたようにそうした意識の変化を人為的に引きおこすシステムを用意している。

たとえば現代イギリスの魔女。魔術師たちの世界を詳細にフィールドワークしたケンブリッジ大学の人類学者、ルーマン女史の場合をみてみよう。

彼女は「フィールドワーク」のためにいくつかの魔術グループに参加したのだが、一年もたたないうちに自分でもタロットを読み、儀式を書き、また瞑想をするようになった。またそのうちに、儀式の最中に時計がとまる、といったふしぎな経験をする。意識のうえでも「魔法円のなかで、まるで電車にゆられているように「力」が私のまわりを旋回しているのを感じ」るまでになり、さらには、神々を内に降臨させる体験をして、「セクメト（エジプトの猫頭の女神）の〝猫〟的な性質が私の意識を満たすのを感じ」ている。

そして本当に重要なことは、ルーマン女史自身がいっているように、そうした体験を「スピリチュアル」と呼ぶようになったことだ。

数年間「魔法」の世界に属してきた僕は、ルーマン女史の体験をよく理解できる。ヤキ・インディアンのシャーマンに入門して、グル（導師）ドン・ファンに「世界をとめられた」というカルロス・カスタネダの体験や、魔女ダイアン・フォーチュンが幻視したというアトランティスの記憶に比べれば、僕のビジョンなど白昼夢程度のものといえるだろう。しかし僕も儀式の最中には、ふしぎな騎士を幻視したこともあるし、また大きなドラゴンが眠っている、というような、なかば宗教的、元型的な夢を見るようにもなった。

ルーマン女史は、慎重に彼女がそれでも「魔女」ではなく「人類学者」にとどまるのは、彼女が「儀式は物質世界には影響することはない」とかたく信じているからだという。けれど、僕にとっては自分を学者と位置づけることも、魔術師と位置づけることもさほど重要ではない。

たしかに、儀式はスプーンを曲げたり、鉛を黄金に変えたりすることはないけれど、ときにふしぎな偶然を呼びこむように見えることもある。たとえば、知性の神ヘルメスのパワーを召喚すると、その次の日に偶然、欲しかった本が手に入るといった経験は、魔術関係者にはごくありふれたことなのだ。

人はそんな、奇妙な偶然という体験を理解し、世界に組みこむための認識の枠ぐみを必要とする。それも、なかば合理的な認識の枠ぐみを知ってしまった人間にとっては不可欠ということになるだろう。あるいは魔術の世界観という一種特異なロジックを学習し、内面化してゆくことによって世界がそのように立ちあらわれてくる。そのプロセスをルーマン女史は「解釈上の漂流《インタープリティグ・ドリフト》」と呼ぶわけだ。

魔術の作業は、ふつう考えられるような恣意的で、アバウトなものではない。象徴体系にはルールがあり、シンボルを通じて彼らが「神」と呼ぶ宇宙の力と正しく接することができるとされている。

魔術のシンボルは、心理学的に「ユングが元型と呼んだパワフルなもの」だと考えられているし、またさまざまなシンボルの収集や瞑想といった所作は、知的で創造的な行為なのだ。

成長する魔女術——生の意味を回復するために

魔術の世界はけっして完成された神学ではない。それはつねに磨かれ、成長していく。儀式魔術の世界ではそれを「内なる木を育てる」という。「木」とはこの場合、もちろん、カバラの基本的な宇宙図である「生命の木」のことだ。

つまり、内的・主観的な世界に魔術的コスモロジーを構築していくことをいうのだが、それはなかば知的で、またなかば創造力を用いる作業でもある。儀式魔術での「木」は、ここではシンボリックに魔女たちの世界をあらわす「自然」の表象とみなしてもいいだろう。

編集者の仕事をする男性の魔女Sは「魔女の世界に入ることはまた大学にもどったようなもの」だといっていた。彼の家には、グラストンベリーやストーンヘンジから拾ってきたという石が飾られ、書棚には魔術のマニュアルが多数あるほかに、占星術、タロット、中世史、神話、伝承、考古学、トールキンなどのファンタジー小説がぎっしりならぶ。彼の魔術の世界はこのような、豊富でゆたかなイマジェリーから構築されている。また彼のアパートには、プランターに入ったハーブ類とその栽培法の本もある。彼は、書物から知識を得て想像力の領域にインプットし、魔術的宇宙をつねに成長させているのだ。

また、幸か不幸かミューレイやガードナーのいうような、古代の魔女という概念はくつがえされたが、ふたたび類似した主張は、ニューエイジカルチャーやアカデミズムのなかからも登場している。魔女たちが、その儀式をつくるのに利用できる象徴の素材と、それを意味づけるような図式はまだまだ輩出されている。

たとえば、ハンガリー出身の考古学者マリア・ギンブタスは、石器時代の大量の土器などを調査、発掘して、印欧語系の民族がヨーロッパに流入してくる以前には、ヨーロッパには、たおやかでフェミニンな文化が存在していたと主張する。「新石器時代・前インドヨーロッパ的時代とインドヨーロッパ化された青銅器時代を区別する必要性がはっきりしてきたのにともなって、私は十年ほど前から〝古ヨーロッパ〟という新しい用語を用いることにした。……このふたつの文化システムは、まったく異なっている。前者は母権的で、定住的で、平和的、芸術を愛し、大地と海と密接に関係して生きていた。一方、後者は父権的で、移住を好み、好戦的で天空に固執し、芸術には無関心だった」（アンソロジー『政治と女性のスピリチュアリティ』）。

彼女が発掘してくる女性をかたどった土偶や土器の類いは、芸術的ともいえる素朴な力がある。魔女たちはそのミニチュアをつくり、彼らの祭壇におくだろうし、また、彼らの主張には新しい補強ができたわけだ。

また、すこしジャーナリスティックなほうへ目を向ければ、同様の主張はいくらでもでてくる。ベストセラー『聖杯と剣』において、リーアン・アイスラーはギンブタスを受けてふたたび、聖杯に象徴される平和、協調型の社会を築くことへの提言をしている。

また、マーリン・ストーンのベストセラー『神が女であったとき』は神学的に同様の主張を、またユング派の著名な心理学者ホイットモントの『女神の帰還』は心理学的に同じような主張をおこなっている。

こうした豊富な材料を用いて、魔女たちの想像力で形成された世界は、歴史的、宇宙的に意味づけられていく。魔術的宇宙の世界を、儀式を通じて演じ、そしてまたその世界を生きるときに、魔女は僕たちが見失っているような、生の「意味」を回復していく。

そのプロセスは、けっして原始的なものでも迷信的なものでもない。たしかに、批判精神や客観性という意味では弱いかもしれないが、しかし、それはファンタジー小説やＳＦをつくるのと同じような創造的営みといえるだろう。

魔女として生きる強さ

魔女たちが想像するのは、たおやかで、エコロジカルな世界への革命である。そのなかでは、世界と心がふたたび和解する。この夢は現実のものとなるだろうか。魔女たちは、じつはするどい緊張を抱えこんでいるのだ。なぜなら魔女といえども、多くは世俗的な日常を生きているのだし、そこでは近代のエートスが支配力をふるっている。本人のなかにもそれは敏感に意識されている。

さらにいえば、シェリー・オルトナーが論文「男は文化で女は自然か」で述べたように、イデオロギーや神話とその社会の制度は、かならずしも一致しているわけではない。たとえば、日本などではアマテラスという女神が主神であったのにもかかわらず、やはり家父長的な制度を長らく残してきたではないか。

現題において、魔女を生きることとは、ドン・キホーテとサンチョ・パンサの出会いを再現することであるようにみえる。

風車を巨人に見立てるドン・キホーテという魔女は、それがただの風車にすぎないとみるサンチョ・パンサたる世俗人を相手に、自分のパラダイムをつねに強化していかなければならない。それが日々の瞑想だったりするわけだ。しかし、その心理はつねに不安定だろうし、同じことはサンチョ・パンサのほうにもいえるだろう。したがって、魔女たちはつねに世界に「魔法」をかけ続けなければならない。だからこそ、魔女は自分たちの世界をいろどるたくさんのイメージを用意するのだ。彼らが心理学やそのほかの秘教的道具を用いて、さまざまな論を展開するのは、近代の合理的な世界と、魔術的、神話的な世界を個人のうちで和解させようとする行動だともいえよう。

魔女の世界観はたしかに、西欧が、あるいは近代が置き忘れたものをすくいあげる単なる象徴にすぎない。しかし、「魔女の世界」は、いまだ実現されていない、もしくは漠然とした想念にかたちをあたえ、場合によってはそれを実現化させていく力を生むかもしれない。代表的な魔女スターホークが、環境保護運動に過激なまでに取りくんで投獄され、またそれがきっかけになってより運動が盛りあがり、数百人の儀式がデモンストレーションとしておこなわれた、というエピソードは、魔女たちのネットワークが、「現実の力」を意識する局面が出現しつつあることを示唆しているのかもしれない。

ふたつの世界を行き来する者

近代は意味に満ちあふれた世界から、それをはぎとり、世界を客体化してきた。宇宙船アポロ（太陽、明るい意識と合理性の象徴！）が月に下りたったそのときから、月は美しい女神であることをやめ、あばただらけの岩のかたまりであることを知られてしまった。

月を月としてみること。音楽をオシログラフに還元しないで音楽として聴くこと。その感受性と想像力こそ、魔女たちが「回復」しようとしているものなのではないだろうか。

もちろん、一度とけてしまった魔法を復活させることはむずかしい。だからこそ、魔女たちはしずかに連帯をしはじめ、自分の内にかかえこんだ緊張を分かちあおうとする。魔女たちのゆるやかなグループ形成はそのためのものだった。人々がしずかなかたちで連帯しはじめる波動が、しだいにおこりつつある。

コンピュータ通信や出版物を通じて、魔女たちが出会う。彼らは帚に乗って集会に出席するのではなく、電話回線を使って一瞬にして世界を飛び回る。対抗文化（カウンターカルチャー）世代が待ちのぞんでいた、アクエリアン・エイジへのしずかな革命は、こうして進んでいくようにみえる。

だが、波動のベクトルは何も魔女的な、大地のみに向かっているのではない。近代の都市という場では、さまざまな趣味や専門知識の領域が、見えない場として形成され、血縁や地縁をこえた、見えない空間をつくりだす。その流動性、可塑性こそが、われわれが足を踏みいれつつある未来の社会の基礎となるのではないだろうか。

魔女の、経済の、科学の、それぞれリアリティーが異なる世界が重なりあい、人々はそこを行き来する。そのなかで人々が選択する「世界」は、個人の資質に根ざした「嗜好」が大きな部分を占めていくだろう。社会学者ピーター・バーガーは、近代とは「選択すること」が宿命になった時代だという。だとするなら、その選択の基準が問題なのだ。

「趣味の復活」とウィリアム・モリスはいったが、まさに無意識をふくめた個々人の美意識と倫理の感覚、そして理想への意志がきたるべき時代の紐帯《ちゅうたい》として復活しつつある予感がする。

そんなふしぎな世界を一歩先取りするのが魔女たち、すなわちふたつの世界を行き来する者（Walkers between the Worlds）なのかもしれない。

魔女たちの活動のなかに、次の社会への移行を僕は垣間みる。それはけっして魔女たちがいうような、愛に満たされた理想世界ではなく、さまざまなファンタジー世界と現実の世界が折りかさなりあう、不定型でしなやかな世界、新しいリアリティーをともなった世界となるだろう。

そのなかで、たとえば月を岩石として見ることも、あるいは女神として見ることも同時にできるような、そんな見かけの対立を抱えこめるような、しなやかで強い自我の持ち主があらわれてくるかもしれない。「一義性は弱さのしるし、対立を抱えこむことこそが強さである」。ユングのいった、このような自我の誕生こそが、本当の意味での「魔術」とはいえないだろうか。

ミヒャエル・エンデの『はてしない物語』の終局に、こんな部分がある。これは夢の世界ファンタージエンへの旅を終えた主人公バスティアンに向かって、なその本「はてしない物語」の持ち主が語る言葉だ。

「ファンタージエンに絶対に行けない人間もいる。……行けるけれども、そのまま向こうに行ったきりになってしまう人間もいる。それから、ファンタージエンに行って、またもどってくるものもいくらかいるんだな、きみのようにね。そして、そういう人たちが両方の世界をすこやかにするんだ」

あるいは、ふたつの世界を行き来する者がもつイメージ世界のリアリティーのみが、最後のすこやかさ、つまり「希望」としてわれわれを明日に生きのびさせることになるのかもしれない。そうして、そのことに人々はいま気づきはじめたのかもしれない。

都市に魔術が生まれつつある。僕は期待と不安にかられながら、それをみつめている。

願わくは、この古くて新しい月の娘たちに女神の祝福を。

【付録】

魔女術ワークショップ

これは、原題の魔女のワークの一部を一人でも実践できるように工夫したマニュアルだが、また現代の魔女術《ウィッチクラフト》がどのようなものかを体験していただけるように、付しておくことにした。

ストレスの多い現代社会のなかでは、魔女のワークは意外にさまざまな効果をもたらすのだ。時間を見つけてためしてみてはいかがだろうか。

なお、一冊ノートを用意して、ワークの結果を記録していくこともお勧めする。そのとき感じたこと、考えたことなど、すべてを記録しておく。これはいわば魔女日記なのだ。あとで見なおしたときに、自分の心の軌跡がうかがえるはずだ。

1 リラクゼーション

Ⅰ　リラックス

魔法の基本はまず、体の筋肉をすべてリラックスさせることからはじまる。床に横たわり、軽く目を閉じる。そして、まず全身に力をいれて緊張してみよう。そして、パッと力をぬく。これがリラックスした状態だ。その状態を心にきざんだら、頭のてっぺんから足の先までひとつひとつの筋肉がリラックスしていることを確認していく。そのとき、自分の体に心を集中し、体のつくりを体感することが重要だ。

Ⅱ　呼吸法

リラックスが完成したら、次に呼吸に意識を集中しよう。ゆっくりと四つ数えるあいだに息を吐き、また四つ数えるあいだに吸う。これを何度か繰りかえしていくうちに呼吸のリズムが整ってくるだろう。そのときに、自分の呼吸が「宇宙の生命力を新陳代謝している」と強くイメージすることが重要だ。

Ⅲ　「生命の木」のワーク

今度はすこし足を開いてしっかりと立つ。背筋をしっかりとのばすことが大切だ。リラックス、呼吸法を何度かおこなう。

そして、自分が大きな木になったとイメージする。息を吸うときに、大地から生命の力が、足から光となって入りこみ、脊椎を通じて、両手、頭から発散されていく、と想像する。そう、ちょうど木の根からエネルギーが吸収されて、今度は枝葉から拡散されていくのと同じようなイメージだ。これによって俗にいう「気」つまり魔法のエネルギーが全身に充満する。

Ⅳ ヴィジュアライゼーション

視覚化（ヴィジュアライゼーション）は、単に心にイメージを「見る」だけのものではなく、においを感じ、聴き、さわるような、そんなイメージをつくりだす能力のことだ。現代の魔術ではイメージの世界にリアリティーを見ているので、視覚化の力は非常に重要だ。女神も妖精も、このイメージの世界（アストラル世界）に住まうとされるのだから、ここではその訓練法をご紹介しよう。

リラックスしたら、軽く目を閉じ、リンゴの皮を自分の手でむいているようすをありありと想像する。そのにおいや感触までしっかりと想像する。それができたらエンピツをけずっているところを想像したり、以前見たことのある絵画を思いだしたりする。

以上が、現代の魔法の基本的な技術だ。野球でいえば、ちょうど素ぶりやランニングにあたると考えていただきたい。

Ⅴ 四方位の瞑想

魔術の世界では宇宙は火と水と風と地の四つの元素で構成されていると考えられている。魔女や魔術師はその元素をコントロールして、「意識に変化」を引きおこしていく。

それにはまず、四大元素に対応する魔法の武器を用意することが必要だ。四つの道具（魔術武器という）は、四つの方位のほか、さまざまなものに照合し、そうした力をコントロールするために用いられる。

風…棒、杖。新品のペンでも代用される。知性、理性、コミュニケーションの力などを象徴する。東に照応。

火…剣。新品のペーパーナイフでも代用される。意志、情熱などを象徴する。南に照応。

水…カップ。ワイングラスなどで代用される。愛、感情、情緒などを象徴する。西に照応。

地…円盤。ペンタクルとよばれる、円盤。新品の皿や拾ってきた石などで代用される。北に照応。

自分の周囲の四方位にこれらの道具を、照応する方位どおりにならべる。そして、東のほうから順に四大の元素についてイメージしていく。

まず東は、春のそよかぜ、小鳥の鳴き声、そしてそこからわきだしてくる、明晰な精神……。西ではうずまく大きな水流。南には、燃えさかる炎、自分のなかで燃える体温を生みだす炎、北では豊かな牧場。

一日で四つの方位すべてをおこなってもよいし、ひとつずつを順におこなってもよい。これで、四大元素の力と自分のあいだに魔術的な親近関係が形成されていく。

2 グラウンディング

魔女の作業で最初におこなうのは、「グラウンディング」だ。これは現代人が忘れがちな体の感覚と大地との接触感を取りもどすためのものだ。

まず、あぐらをかいてすわるか、あるいはあおむけになって横たわって、最初に紹介したリラクゼーションをおこなう。次に、呼吸をゆっくりとおこないながら全身を緊張させ、また弛緩することを繰りかえす。三分もそれをおこなうと、自然にあくびがでてくるはずだ。あくびがでたら、大いにけっこう。本当にくつろいだ状態だからだ。

ここまできたら、自分の「体」に注意を向けよう。ふだんはあまり意識しないけれど、「体」はまぎれもなくあなたの大事な一部なのだ。腕、足、おなか、胸の鼓動。これらが感じられたらけっこう。では、つぎに、あなたの体の「中心」がどこにあるか、さがしてみよう。気分のありか、あるいは自分の体のまさに中心だ。多くの人は下腹部が体の中心だと感じるはずだが、人によっては胸だったり、座骨だったりもするだろう。

体の「中心」がわかったら、それがまるで重さをもった光のかたまりのようなものだとイメージしてみる。あなたの意識が「中心」と接触しているかぎり、あなたの意識は安定しており、ストレスとは無縁だ。以後、イライラしたり、怒りっぽくなったりしたら、体の「中心」を思いだし、そこと接触してみるとよい。

そのまましばらく続ける。次に、その光のかたまりから光の糸、パイプが下におりていって、地球の中心とつながるようにイメージしてみよう。両手のひらを床につけて、大地のゆるぎない存在を感じてみよう。いまあなたが感じているのが、あなたの体を生みだした母なる大地の神だ。気持ちがやすらぎ、心がゆったりとしてくるように思えるだろう。心ゆくまで、その気分を楽しんでほしい。

いそがしい現代人の生活では、つい、自分の体を無意識的に使ってしまい、体の声と、その大地のつながりを忘れがちだ。それを取りもどすことが、魔女の作業の第一歩なのだ。就寝前にでも、やってみてはいかがだろうか。

3 エナジー・エクササイズ

さて、ここで、魔女たちがどのようにして魔力を手中にしているのか、それを述べてみたいと思う。

魔女は、文字どおり、いろいろな「魔法」を使うことができる。具体的には、セラピーやヒーリング（治療）だったり、あるいは願望をかなえることだったりする。第二次世界大戦に、イギリスの魔女たちが、ヒトラーのイギリス進攻をその魔力で防いだという話はどこまで本当かはわからないけれど、魔女が「パワー」をもっているのはたしかだ。

　では「力」はどこからくるのか。もちろん、魔女自身からだ。でも、私たちの体を発電機みたいなものと思ってもらうと、ちょっとちがう。「力」は、私たちの体をとおして、あるいは魂をとおして、自然から流れこんでくる。そう、ちょうど、自然のエネルギーを受けいれ、そして使えるようなかたちに変える発電所のはたらきを魔女がする、と考えればどうだろう。だから、魔法の力はいくら使っても、消耗してしまうことはない。

　しかし、本当のところは、人はだれでも自然の力を体に受けているという。じつは「生命」というのは、自然からの力を受けていて、はじめてなりたつ。なぜならば、呼吸も、代謝も、すべて自然とのエネルギーのやりとりなのであるから。

　ただ、現代人は自然との接触を絶ってしまったために、そのエネルギーの流れが阻害され、じゃまされていることが多い。ストレス性の病気やいつまでもとれない疲れ、気分の落ちこみなどの原因はそこにある。そんなあなたには、魔女のエナジー・エクササイズを紹介しよう。


　まず、できれば大地に直接、むりなら、自分の部屋にくつろいですわる。明かりは消し、ゆったりとした音楽でもかけて。そうして、ゆっくり呼吸し、地球の生命が、あなたの体の中心、おなかのなかにエネルギーが流れこんできているとイメージする。それは、まるで真珠のようなやわらかな輝きに満ちているはずだ。そして、同時にそれは寄せては引き、また満ちる独特のリズムをもって体に入ってくる。下腹部には、その光がまるで脈うつ球として輝いている。と、その圧力がたかまるにつれて、その球の色は赤に変わっていく。まるで、大地の底に眠るマグマのように、熱く、そしてあなたの腹部を満たし、そしてそれは体中の細胞という細胞を焼き、新生させる。ここまできたら、今度は、その熱がさめて、そしてすがすがしい、すずしい気持ちになるのを感じてみよう。あなたの体の細胞は、もうすっかり生まれ変わっている。

また、体の中心には、真珠のような光が残っている。今度は、その光が体の表面をおおい、オーラのように輝いているのをイメージしてみる。部屋がじゅうぶんに暗く、そしてちょっとした素質があれば、あなたにもその光が見えるだろう。慣れてくれば、その光を球にイメージし、手の平でころがしたり、体の上を走らせたり、いろいろなあそびができるようにもなる。これが、魔力の源泉なのだが、具体的なその使い方は、また改めてご紹介しよう。このエクササイズを繰りかえすことで、あなたの体が浄化され、そして表情がゆたかになり、コンプレックスからも解放されるようになるだろう。

4 パワー・エクササイズ

さて、こうしてたくわえたエネルギーの具体的な使い方のひとつとして、タリスマン（お守り）のチャージ（充電）をお教えしよう。

タリスマンとは、魔法の世界では、ある物体にあなたの生命のエネルギーを満たし、ある種の「パワー」をあたえているものをいう。

たとえば、作家が愛用している万年筆を考えてみよう。実際には、字が書けさえすればどんな万年筆でも文章は書けるはずだ。ところが、長年使っている万年筆には「愛着」があり、このペンでないと文が書けない、ということがある。

いってみれば、この場合には、このペンがその作家にとって、文章を生みだすための魔法の道具、つまりタリスマンになっているといえる。そこには、作家という魔術師の「意志」と「イメージ」がこめられている。すぐれた能力者なら、そのペンを手にしただけでその作家の個性や経歴をすらすら「読む」こともできるだろう。

作家のペンの場合には、長年使うことによって自然にイメージが充電されたものといえる。しかし、先の方法を応用して、急速にイメージやパワーをチャージすることもできる。

対象物は何でもかまわないが、宝石やクリスタル、アクセサリーがもっとも使いやすいだろう。その「お守り」を右手に軽くにぎったままリラックスし、先の「木」のエクササイズをおこなう。数回、エネルギーの循環をおこなったら、自分の目的、たとえば、いま手がけている仕事の完成とか、性格を変えるなどを強く念じながら、その想念をエネルギーの流れにのせて、右手からそのタリスマンにそそぎこむ。これは、すこしやってみればすぐに感覚がつかめるだろう。このエクササイズを繰りかえして、あとは、そのタリスマンをいつも持ち歩けば、願望ははやくかなうはずだ。

5 ニル・エクササイズ

これは日常的な雑事をすっかり追放する瞑想で、ニル・エクササイズ（無の体感）と呼ばれている。

まず、例によって、だれにもじゃまされない、しずかな空間を確保する、自分の部屋ならベスト。いつもは瞑想に音楽を使っている人も、このエクササイズに限っては無音でおこなう。これは、「無」（ニル）を体で感じるエクササイズなのだから。

呼吸をしずかにしたら、まず、「自分」という存在がどこにあるか、考えてみよう。

あなたの肉体があなただろうか。いや、それはあなたの一部ではあっても、あなた自身ではない。

では、あなたの思考だろうか。いや、それもちがう。思考が停止していても、あなたは存在するから。「我思う、ゆえに我あり」などというのはこちこちの頭でっかちの男たちが得意になっていいたがる言葉だ。

では感情？　それもちがうはずだ。そのまま、ずっと瞑想を続けよう。自分が本当はどこにいるのか、わかるだろうか。

そう、自分などというものは本来ない。あなたは「無」だ。あなたのなかに広がる、「無」（ニル）をここで体感してみよう。自分のなかに広がる、あるいは自分だと思っていたもののなかに広がる、「無」。あなたは、いま、宇宙が生みだされる以前の、まったく何もない宇宙のなかにただよっている。上も、下も、あるのはただの闇ばかり。あなたはその漆黒の闇にとけこんでいく。あなたは、星を生む種子であり、その土壌なのだ。

さて、今度は逆のプロセスをたどってみよう。あなたの感情は、たしかにあなたの一部だ。それにあなたの思考も、あなたの一部だ。それに当然、体だって、そうだ。では、その体はどのようにして生きているか。

そう、食べ物によって、そして、あなたの呼吸によって。

「モノ」である体があなたの一部なら、それを構成するモノである食べ物、空気もまたあなたの一部のはずだ。では、その食べ物や空気はどこから生まれているか。

と、このように瞑想を広げていくと、今度は、まるで宇宙全体があなたであると感じられてくるのではないだろうか。

あなたの日常のささいなことは、たしかに小さなことだ。でも、それは同時に、たしかに宇宙のなかで、何らかの意味をもっている。

このエクササイズをとおして、あなたは、自分が「無」であると同時に「全」であることを感じることができるだろう。この感覚さえあれば、日常のことに、余裕をもって、しかし一生懸命かかわっていけるはずだし、その気になりさえすれば、いつでも、その余裕をもって、自然の音のない、精妙なハーモニーに耳を傾けることができるはずだ。

6 パス・ワーキング

これは、何度も本文で登場してきたパス・ワーキング、異界を歩く方法だ。

異界とは、要するにイマジネーションの世界のことだ。妖精も、また死者の霊たちも、まさに人間の心のなかにすんでいる、といえるだろう。しかし、だからといって、そういう超自然の生き物たちがリアルではない、虚構の存在だといっているわけではない。人間の心こそ、じつはもっともリアルなものなのだから。私たちは、あらゆることを、心を通じて経験しているのであって、「心のなかにあるもの」をうそだというなら、すべてがうそということになってしまう、と魔女は教えている。

このエクササイズは、自分の心の門をくぐって、他界(アストラル)の世界へと旅し、妖精たちの世界を垣間みるエクササイズだ。

まず、だれにもじゃまされない場所で、しずかに横になる。そして、目を閉じ、呼吸を楽にする。

だんだん、心が落ちついてきたら、心のなかのスクリーンにまるでストーンヘンジのような、巨石でできた門の遺跡を描く。その門の向こうには、こうこうと満月が輝いているのが見える。

では、ゆっくりと、その門に近づいていこう。だんだん、門が近く、大きくなってくる。月はますます、明るくあたりを照らす。

さあ、門をくぐる。その向こうには、妖精たちのすむ世界が広がっている。何もおそれることはない。思いきって、向こうの世界へと足を踏みいれてみよう。そこで待っている体験は人それぞれだが、多くは、妖精たちと語り、何か現実の生活のうえで役に立つヒントを得ることができるだろう。

ある魔女が語るところによると、そこにはだいたいヒースがしげる丘陵地帯が広がっており、小人の姿をした妖精たちが待ってくれている。

ただ、妖精たちは、あまりに現実的なことは苦手だ。たとえば、会社のこととか、学校のことで何か具体的な質問をしても、妖精たちがだす答えは、イタズラっぽいものだろうし、競馬の勝ち馬をたずねる、なんていうのはまったく意味がないどころか危険でさえある。

むしろ、自分の性格や自分の可能性についてのことになら、妖精は非常に興味ぶかい答えをだしてくれるはずだし、そもそも、フェアリー（妖精）と話すことだけでも楽しいことではないか。

しばらく、この世界を楽しんだら、またイメージの門をくぐってこの世界にもどってくる。今度は、あちらの世界からみると、門の向こう（つまり現実界）には太陽が輝いている。

そして、肉体の感覚を取りもどしたら、ふたたび目を開けて、終わりとなる。

最初のうちは瞑想のまま寝いっていることも多いが、朝にはまたちゃんとこちらの世界で目が覚めるので、ご心配なく。

7 ハーブのマジック

ここに紹介したような、アストラル世界にあそぶ魔法は、実際にやってみるにはかなり訓練がいるかもしれない。そこで、もうすこし、親しみやすい魔法を紹介してみることにしよう。魔女の術は、孤高の隠者の魔法ではなく、大地と生活に密着したものなのだから。魔女たちの間でもっともポピュラーな魔法は、ハーブを使った魔法だ。大地との交感を得意とする魔女たちにとっては、ハーブの特性を利用することは非常に重要なものだった。太陽と月の運行によって定められる季節の動きのなかで、植物は生育し、また枯れては種を残し、そしてふたたび芽をふく。植物は、季節のリズムをあらわす重要な指標であり、地球の生命力をあらわすものでもあったのだ。実際、ケルトのドルイド暦では一年の月の名と樹木が対応しあっているほどだ。

また、十七世紀ころに、非常にもてはやされた占星暦では、月の動きにしたがって農業の作業が指定されている。月が満ちていくときに、しかも月が大地の星座である牡牛座、乙女座、山羊座にあるときに穀物の種をまけば、その植物は大いにしげり、一方、雑草をかるのは月が欠けていくときにおこなうのが効果的、といったぐあいだ。

また、伝説的な魔女は薬草をつみ、それによってさまざまな災いや愛をもたらすとされた。有名なトリスタンとイズーの物語に登場する魔女の媚薬も、そんな伝承があったからこそ生まれたものなのだ。さらに、魔女が空を飛ぶときに体にぬったという軟膏(飛行薬)は、

簡単にできるハーブのマジック　Herbal Magic

【ミント】
ハーブティーとして飲む。あるいはコップ一杯の水に一、二グラムの葉をいれて服用すれば、怒りをしずめ、心に平安をもたらす。

【アンジェリカ】
バス・ハーブとして入浴に用いれば、心のなかのおだやかな部分を引きだす。

【ローレル】
月桂樹。栄誉と名声をあらわすハーブ。ローレルの葉を身につけることで、成功を手中にできるという。

【セージ】
コップ半分の水に一グラムの葉をいれ服用すると、健康をとりもどす。女性がセージの種をポケットにいれておくと、男性を惹きつけるとされる。

【ローズ】
バラのポプリ。木炭をたき、そのうえにバラの花びらをくべて祈ると、愛がかなうといわれる。

【コリアンダー】
タイ料理によく使われる香草。この種を七粒用意し「ウォーム・シード、ウォーム・ハート、離れることなかれ」ととなえると愛の魔法になるという。

【ライラック】
木星の力を引きつけ、金運をもたらす。プランターにいれて育ててみては?

【ゼラニウム】
一般に幸福をもたらすという。赤はバイタリティーを、白は豊穣をあらわす。

【シクラメン】
古くは家のなかに邪悪なものを寄せつけないために用いられた。

ヒヨスやベラドンナといった劇薬をいれたものだったという論考もある。アメリカ・インディアンのシャーマンが幻覚性植物を食べてトランスするように、魔女たちはまた劇薬を用いてトランスを生むというのだ。

ここではそんな伝承のなかから、簡単に実践できるハーバル・マジックの一部をご紹介しよう。

よく、都会の魔女のなかにも、プランターなどでハーブ畑をつくっている例をみかける。植物は、自然をシンボライズするものとしては最適なのだ。また、植物を育てるということそのものが、都会生活に疲れた心をいやし、情感を回復させ、季節と生きものの生育を感じることにつながるのだ。

8 魔女のスペル

魔女術では、さまざまな願望をかなえるための、いわゆる魔法も準備している。そんなまじないを魔女術ではスペルという。これはそのもっとも簡単な方法で、俗にコードマジックと呼ばれているものだ。

キャンドルを立てて、精神を集中する。そして、あらかじめ用意した七インチ（約二十一センチ）の、自然素材のひもに、次のページに示す順にむすび目（玉むすび）をつけていく。このときに、「このノットがむすばれるがごとく、我が願いかなえられたり」と何度も繰りかえし、自分の願望がかなっているところをありありとイメージする。このひもをそっとポケットにしのばせ、ことあるごとにみれば、その願望がふたたび意識にあがり、実現するのを手助けしてくれるだろう。

このようなまじないは、ばかばかしいと思われるかもしれない。しかし、自分自身の欲望や願いを対象化してみるためにも、こうした所作を楽しみ、あそぶ余裕がもとめられる。いま、われわれに必要なのは、ふたつの世界を行き来する心の自由なのだから。

1 6 4 7 3 8 5 9 2

9 クリスタルのなかに何が見えてくる?

【水晶球幻視法その1】

クリスタルの神秘にふれたい人のために、すこし高度なテクニックをご紹介しよう。

その一つが、水晶球幻視(クリスタル・スクライングまたはクリスタル・ゲージング)と呼ばれるものだ。

まず、直径が四・五センチ以上の水晶球を手に入れる。

ベルベットなど、黒い布の上にそれを置き、深呼吸をして、十分リラックスしたのち、その水晶球をそっとのぞきこむのだ。このとき、絶対に目に力を入れてはいけない。

はじめのうちは、まわりの風景が映っているだけで何も起こらないだろう。しかし、辛抱づよくそのなかをのぞいていると、水晶球の表面に、ぼんやりしたもやがかかってくる。これを「クラウディング」と呼ぶが、ここまでくれば、あと一歩。

ふいに、そのもやが流れて、何かが見えるようになるだろう。ほんの一瞬、チラリと何かが見えると、それに驚いてあっという間にヴィジョンがかき消されてしまうのがふつうだが、慣れてくれば、その時間を二、三秒にまで引きのばすことができるようになるのだ。

ただ、注意しなくてはならないのは、そのヴィジョンは多くの場合、「象徴」という形をとって表れてくるということ。

たとえば、ネコが見えたからといって、すぐ部屋にネコが入ってくるのだと考えてはいけない。あなたにとってネコは何を意味するのか、連想して解釈をしなければならないのです。その解釈には、夢判断（できればユング派のものが望ましい）の本が参考になるが、だからといって、絶対に一義的、形式的に判断をしないでいただきたい。ヴィジョンを見たときの感情、連想が決め手となる。

僕の場合、ネコを見たときは、かならずといっていいほど、あとで友人とケンカになる。きっとそれは、僕の友人に対する〝気分屋〟というイメージが、ネコという形をとって現れるからではないだろうか。

また、このあいだ、旅行の計画を立てていたときに見た〝タカ〟のイメージを僕は、「急げ！」と解釈し、すぐに旅行社に電話を入れたところ、案の定、希望のフライトはほぼ満席で、あと一日申し込みが遅れていれば、キャンセル待ちになるところだった。

通常、こうしたヴィジョンが現れるようになるまでには、三カ月くらいかかるといわれている。

あせらず、じっくりと練習を続けよう。

ただし、一日に十五分以上、水晶球と向かいあわないこと。頭痛や幻覚症状を引きおこす原因にもなりかねない。また、飲酒中の実践も厳禁。

【クリスタル幻視法・その2――月の鏡】

これは、古くからヨーロッパの魔女のあいだで行われていた方法。

月の明るい夜にしか行えないので、その点が少しむずかしいけれども、条件さえ整えば、先の水晶球の透視よりやさしいことに気づかれるだろう。

まず、満月の夜かそれに近い、月の明るい夜を待つ。ただし、満月の後の、欠けていく月の期間は避けること。また、くもりや雨の日には、この術は使えないので、注意しよう。

空に美しい円形の月が出ているのを確認したら、直径が三十センチ以上あるボウルか水盤に、清水を入れる。器は、できればガラス製か銀色のものを。また水は、泉の水が望ましいが、都会に住んでいる人なら水道水でもかまわない。

そして、そのなかにクリスタルを沈める。

用意ができたら月を見上げ、次の祈りを捧げる。

「シャダイ・エル・カイ・レア・ビナー・ゲー、美しき月の貴婦人よ、わが宮におりたち、透視の門を開きたまえ」

クリスタルは、月を象徴する宝石であり、月の女神の力（透視・直感力をも表わす）を引き寄せる。

心が落ち着いたら、両手で親指と人差し指で三角形をつくり、そのなかから月を見る。数十秒から数分、そのままにし、月のイメージをしっかり心に残したら、三角形のなかの月の幻を残したまま、両手を水の器のほうへおろし、月のイメージを水面に浮かべるのだ。すると、月の残像がうすらいでいく瞬間、水の面にチラリと何かのイメージがよぎるはず。これが月の女神の神託だ。その解釈は、水晶球幻視のときと同じようにする。

古代から中世にかけての魔女たちは、森のなかの聖なる泉の水面に月を映して、神託をあおいでいたという。こうした魔法は、自然とあなたが同調するところから生まれてくるのである。

ウイッチクラフト文献案内

ここにあげる魔女に関する文献リストは、一九九四年に『ユリイカ』魔女特集のために作成したものをベースにしてある。なにしろ二十年以上も前のものなので、その後に出版された重要なものや邦訳がその後出たものも多く、少しばかり修正をしておいた。

とくに現代魔女運動に関して日本で重要なのはなんといっても国書刊行会から出版された『魔女たちの世紀』シリーズだろう。日本における実践魔術での第一人者と目される秋端勉氏が監修し、英米における現代魔女術の代表的な著作を叢書として邦訳したもので、一九九四年から刊行が開始された。

叢書は次の六巻からなる。

一『聖魔女術』スターホーク（鏡リュウジ・北川達夫訳）
二『やさしい魔女』マリアン・グリーン（ヘイズ中村訳）
三『サクソンの魔女』レイモンド・バックランド（楠瀬啓訳）
四『月神降臨』マーゴット・アドラー（江口之隆訳）
五『サバトの秘儀』ファーラー夫妻（ヘイズ中村訳）
六『魔女の聖典』ドリーン・ヴァリアンテ（秋端勉訳）

昨今では、人類学、宗教学、社会学の対象として近代魔術や現代の魔女運動が選ばれることがあり、欧米では大学のなかでペイガニズム研究というのがれっきとした一ジャンルをなしている。僕がこの本のベースとなった『ウイッチクラフト　都市魔術の誕生』を書いたころとは隔世の感があるわけだが、中でも決定的に重要で、現在、世界的に始動的な立場におられるのが英国、ブリストル大学のロナルド・ハットン教授である。

教授はＢＢＣテレビの歴史番組のホスト役を務めるなど、歴史学のスターでもあるが、同時に現代魔女運動研究の決定版である『月の勝利』を一九九九年に出されたことが、現代の魔女研究の基礎を確かなものとしたのである。

R・Hutton, *The Triumph of the Moon*, Oxford University Press 1999

英国が生み出した新しいかたちでの宗教運動としてのペイガニズム・ウイッカをそのルーツである十九世紀の文学や社会にさかのぼり、丹念に追いかけ大部の書物にまとめあげた。この本が出た時にはあまりの情報量と視野の広さにまったく感激したものであった。自分の魔女本を書くときにこれが資料としてあったら……という気持ちもあったが、逆にいえばこの本が出ていればもう自分の本など必要ないという気になったかもしれない。

九〇年代前半に出版されたアカデミックな魔女運動研究といえば、本書でもしばしば引用したタニア・ルーマンのものしかないのが実情であったが、ルーマンはロンドンの魔術団体を「フィールドワーク」したが、その内容を公開したことが一種の裏切り行為とみなされ、少なからぬ反発を業界から招いた。僕もルーマンの著作には「こんな研究が出たのか」と大いに感動して、英国で魔女の方々と会ったときにルーマンの本について触れたところ、うち一人が「あんな知的ジャンク……」と苦々しい顔で返したのが今でも強い印象となって残っている。フィールドワークにおける調査者とインフォーマントの距離はいつも難しいものがあるが、当時は、今以上にその距離の取り方が成熟していなかったのだと思う。

それに比して、ハットン教授は魔女や魔法の実践者からも大きな尊敬を集めているのが対照的だ。

英国の魔女たちと話をしていると、ときどき「ハットン先生に聞いたんだけれどね」と、ハットン博士に直接お会いし、自分の知識の確かさを確認したと、誇らしげにいう人もときおりいるくらいである。

蛇足になるが、ユング派分析家であり占星術の権威であるリズ・グリーンが二つ目の博士号を取得したときの指導教官がこのハットン博士であった。（グリーン博士の博論テーマは十九世紀末から二十世紀初頭の英国におけるカバラとオカルト復興）

またハットン教授の *The Stations of the Sun* は、魔女のサバトとも深い関係のある太陽の動きに基づく伝統的な年間祝祭の民俗についての詳細な研究であり、必携。

〝The Druids〟は過去から現在までのドルイドの研究でこちらも欠かせない。ハットン教授のほかの本も魔法や魔女に関心があるならいずれも貴重なリソースである。

また、現代魔女術復興のネタ元にもなったマレー（ミューレイ）の『魔女の神』が邦訳されたことも大きい。

（『魔女の神』マーガレット・A・マレー著　西村 稔訳）

このほか、現在では英語圏も含めると膨大な数の本が出ているので、重要なものだけでも、もれなく網羅することは不可能に思えるが、とくに目についたものだけを増補しておくことにする。

●**J・B・ラッセル『魔術の歴史』** 筑摩書房

正しくは、魔女の術の歴史、といったほうがいいだろう。「悪魔四部作」で知られる歴史学者のラッセルの手による、手ごろな魔女の歴史のハンドブック。キリスト教に対する異教という構図を用いながらさまざまな資料を使って魔女の歴史を古代から現代にまでたどってゆく。魔女の世界を痛感するには格好の手引き。

●**Rossel Hope Robbins, *The Encyclopedia of Witchcraft and Demonology,*** Bonanza

魔女の歴史研究の古典的権威、ラッセル・ホープ・ロビンズ博士による歴史的史料満載の百科事典。その序文は魔女狩りの発生について、短くはあるが、実に明快にかかれた案内となっているし、また本文は豊富な図版もいれながら、実に詳細に魔女・悪魔学に関する知識をおさめている。魔女研究においては必携の事典だといえるだろう。

●**R. E. Guiley, *The Encyclopedia of Witches and Witchcraft,*** Facts on File 1989

ロビンズの事典よりは、よりジャーナリスティックな観点から平易に書かれている。四百項目にわたる解説のなかには、古代から現代の魔女運動（現代の魔女運動は、キリスト教に対して、より自然にちかくホリスティックなアプローチをすると主張する新宗教運動）にいたるまではばひろく収めている。とくに、スターホーク、ルイゼ・カボットなど、現代の魔女運動家のポートレートをいれながら、伝記的情報も収めているのは魅力的である。

●**ローズマリ・エレン グィリー『魔女と魔術の事典』** 荒木正純 他訳 原書房 一九九六

（右の翻訳、現代魔女運動に関する項目が邦訳ではかなり割愛されているのが残念）

●**ジャン-ミシェル・サルマン『魔女狩り』** 創元社

「近年の高い水準の研究成果を十分にくみ取った、今日望み得る魔女についての最高の入門書」とは日本語版監修者池上俊一氏の言葉。歴史学には素人の筆者には評価はできないが、従来のロマン主義的な魔女論にくらべると、ずっと実証的でバランスのとれた解説になっていることはまちがいないようだ。そしてなによりも、素晴らしいカラー図版の数数。魔女の世界に心を寄せる夜には、最高の枕頭の書になるだろう。

●森島恒雄『魔女狩り』　岩波新書　一九七〇

魔女狩りについて語るときに、どうしても避けては通れない古典的名著。ロビンズの事典のエッセンスを、わずか一冊の新書のなかにおさめたような、史料的にも中身の濃い一冊であり、またその文体は陰惨な魔女狩りの歴史に思いを馳せる人の涙を誘わずにはいられない。魔女がどのように仕立てられ、責められていったのかをありありと描き出す本書は、人類の歴史の暗黒面をまざまざと見せつけてくれる。

●浜林正夫『魔女の社会史』　未来社　一九七八

魔女現象を社会変動と結びつけながら、とくにイングランドの魔女狩りについてまとめた本。短い内容ではあるが、社会の歴史のなかにおける魔女という視点から、実証的に書かれている。

●キース・トマス『宗教と魔術の衰退』　法政大学出版局　一九九三

イギリスの魔術・占星術などについて研究された古典的大著。イギリス、ことに十六、十七世紀イングランドの社会的状況とあわせて魔女がはたした役割を描いている。この分野では決定的な文献の一つ。世俗化が進む時代の中で、共同体の変動、キリスト教聖職者と下層民の間でのカニングマン（魔術をあやつる男女）との微妙な拮抗関係などを描く。

●**Margaret Murray, *The God of the Witches,*** Oxford Univ. Press 1970（マーガレット・A・マレー『魔女の神』西村稔 訳）

一時は大変なブームを巻き起こした魔女に関する論文。マレーは著名なエジプト考古学の権威であったが、のちに魔女研究に没頭、ヨーロッパの魔女とは旧石器時代にさかのぼる、組織的な自然宗教であり、動物の仮面をかぶる男を中心にした「神」をおく儀式を行っていたのだと推理する。はては、ジェイムス一世にいたるまでのイギリス歴代の国王はすべて、この魔女カルトのメンバーであったとする説を展開するなどかなり奇抜な発想でつらぬかれているが、しかし出版当時は大きな反響を呼び、後の現代の魔女運動を準備することになる。

●**G. Gardner, *Witchcraft Today,*** Magical Child 1954

ミューレイの説をうけて、ガードナーという男が現代の魔女運動を準備した。ガードナーは、ミューレイがいうような、古代宗教の慣習を保存しているような魔女グループと接触、そしてそのなかに参入したと主張した。そしてイギリスにおける魔女禁止条例の撤廃を機に、自らのグループを形成、さらに後進を指導してゆく。これが現在世界中に存在している現代の魔女運動の発端となるのであった。

ガードナーのいう、魔女のグループが存在したのかどうか、という点では最近ではほとんどガードナーの捏造であるということが指摘されている。たとえばガードナーの晩年の弟子ヴァリアンテは、ガードナーの魔術マニュアルである「影の書」は自分の手によるものだと告白しているし、(Valiente, Rebirth of Witchcraft, Witchcraft for Tomorrow Hale) またエイデン・ケリーはガードナーのテクストを詳細に分析して、その神話をはぐとともに、新しい宗教としての価値を強調している。(Aidan Kelly, Crafting the Art of Magic, Lellewellyn)

●P・ヒューズ『呪術』　筑摩書房　一九六八

ミューレイの学説をほぼ全面的にうけいれて、より広範な史料を用いながら拡充した、といった趣のある書。現在、ミューレイは徹底的に批判されており、その意味では鵜呑みにすることはまったくできないが、しかし、本書に取り上げられるさまざまなエピソードは、実に興味深いものが多い。

● **Starhawk, *The Spiral Dance,*** Harper and Row 一九七九

ガードナー以来、西欧世界でさまざまな魔女運動が盛り上がっている。そのなかで、数多くの現代の魔女の術のマニュアルは書かれたが、そのなかでももっともすぐれたものがこのスターホークの著書であろう。古代の女性性を強調した女神宗教がキリスト教によってデフォルメされたとき、抑圧された人間性、生命の解放運動としての魔女術が創出されている。詩的に描かれるさまざまな現代の魔女思想の側面と、そうした魔術を体験するためのエクササイズの二本立てになっている本書は欧米では十年以上にわたってベストセラーを続けている。(邦訳は、スターホーク『聖魔女術』 鏡リュウジ・北川達夫 訳 国書刊行会一九九四)

● **M. Adler, *Drawing Down the Moon,*** BeaconBooks 一九八一

ジャーナリストにして現代の魔女アドラーによる現代魔女運動の詳細なレポート。アンケート、実施調査などを元にかかれた本書は、まさしく現代の錯綜する魔女運動を網羅する決定的な書といえるだろう。しかし、もちろん、現在もまだ発展中のこの運動は、本書が書かれて以来、まるで粘菌のごとく、その位相を変動させつつある。どのように、こうした運動の実情を把握するかは、大きな問題であろう。

なお、本書のタイトルであるドローイング・ダウン・ザ・ムーン、とは月を引き降ろす、ということ。これは儀式の際に魔女グループのリーダーに月の力、月の女神を引き降ろし、一時的に月の女神の代理人とするという儀式を指す言葉だが、合理性を示す太陽に対して非合理な力の主人である月的なるものを地上に降ろす、という意味もあるのだろう。(邦訳は、マーゴット・アドラー『月神降臨』 江口之隆 訳 国書刊行会 二〇〇三)

● **T. M. Luhrmann, *Persuasions of the Witch's Craft,*** Harvard Univ. Press 一九八九

社会人類学者の手による現代の魔女運動のフィールドワークと分析。どうして人は効果もない魔術を行い続けるのか、という素朴な疑問に始まって、現代の魔術を「世界を解釈する方法のゆっくりとした変化」「解釈の変化」として考察する。人は、ホロスコープを作成し、神話の世界としたしみ、魔法の世界観とすりあわされてゆくなかで、世界が魔法の色彩に染められていくことを感じるだろう。それを、自己欺瞞だとする「学者」の視点には全面的には賛同できない。なぜなら、それをまた、新しい認識の獲得と見ることもできるだろうからだ。

本書は筆者の知る限り、現代の魔女運動について学問的に徹底的に考察したただひとつの文献である。現代の魔女運動研究の方向でひとつのモデルを提示したという点だけでも大きな業績だといえる。

● **ヒルデ・シュメルツァー『魔女現象』** 白水社 一九九三

女性性の迫害という視点を強調し、魔女狩りを語り直した書物。キリスト教のなかに眠る女性嫌いの潜在的なイデオロギーをあばきだしてゆく。魔女の歴史は女の歴史である、と説く本書はその目的が強調

されすぎているゆえに、史料の用い方、選択などでややわりびいてとらねばならぬ点もあるが、しかし、こうした見方で歴史を再読するという方法もおもしろいといえるだろう。きわめて魅力的な作品である。

●カルロ・ギンズブルグ『ベナンダンティ』 せりか書房　一九八六

魔女は古代の異教カルトである、というミューレイの主張は批判されたが、しかし、魔女的な自然宗教がヨーロッパに存在し、そして非キリスト教的な儀礼を行っていた証拠は数多くある。そして、そのなかでもきわめてドラマチックだったのが、北イタリアの魔女裁判記録のなかからギンズブルグがあぶりだし、すかしみた魔術師ベナンダンティたちの存在である。二世紀頃、フリウリ地方にはエクスタシックな状況で豊饒儀礼を行っていた一種の結社のようなものがあったらしい。さらに、その研究からはじまって、『闇の歴史』（せりか書房）のなかにおいて、ユーラシア大陸をギンズブルグは史料をつかってかけめぐり、人間の根源的な体験の表象としての死と再生のモチーフを描き出す。魔女はここでも、境界の間に立つものとして描かれるのである。

●木村重信『ヴィーナス以前』 中公新書　一九八二

石器時代から壁画のかたちで、あるいは素朴な彫刻としてのこされてきた母なる女神のイメージ。ヴィーナスの源泉をそうした女神にもとめ、「精神史としての美術史」を構築した一書。魔女の根源を普遍的な「妹の力」「女の力」とみるなら、魔女をもとめる旅はかならず、女神と母のイメージ探求に向かう。著者はいう。「人間は地母からうまれ、そこに帰る存在である」「生と死は、全体としての地母のキャリアにおける二つの契機にすぎない」「人間はホモ・サピエンス（知性人）であるまえに、ホモ・フムス（大地人）なのである」このような確信を得たときに、人はふたたび魔女とあいまみえることになるのだろう。

本書は西欧を貫く女神・母なる神のイメージをたどる、コンパクトで最良の手引である。

●A. Baring & J. Cashford, *The Myth of the Goddess,* Arkana 1993

魔女の根底に存在している女性的なるもの、生命の元型としての女神の系譜を旧・新石器時代にはじまってクレタ、青銅器時代、メソポタミア、エジプト、ギリシャ、と時間と空間を飛び越えて、女神の神話を網羅的に紹介する大著。実に大判の本で七八〇ページを数える本書は女神の神話に関する情報が満載されている。女神的なもの、魔女的なものを研究する上では机上に必携のソースブックとなるだろう。図版も満載されていて、みていてあきない。

また、同様の趣旨の本で、よりカラー図版が多く、また最近の芸術作品にまでページをさいているのがE. Gadon, *The Once and Future Goddess*, Aquarian。このような書物が次々に出版されているところからも、魔女的メンタリティーをもとめる声の高まりを感じ取ることができよう。（邦訳は『世界女神大全』原書房）

●M・エスター・ハーディング『女性の神秘』 創元社　一九八五

数々の女神イメージは、考古学者が掘り起こす地層のなかにのみあるのではない。ユングがグレート・マザー、あるいはアニマといったかたちで後づけたイメージのかたちで、魔女の原型である女性性は一人一人のなかに眠っているのである。エスター・ハーディングは、女神イメージを追いながら、人間のなかに眠る女性性を分析して行く。著者はよく知られたユング心理学者。

また、同様のテーマをあつかったものとしては、E. Whitmont, *Return of the Goddess* などがある。

また、邦訳されたものとしては、エーリック・ノイマン『グレート・マザー』ナツメ社、が圧巻。世界各国の女神元型を扱いながら、その精神史的発展を基礎づける。

● **植田重雄『ヨーロッパの祭と伝承』** 早稲田大学出版部　一九八五

魔女は、ヨーロッパの基層である民衆の異教的文化とキリスト教のすりあわせのなかから生じて来た、といえる。素朴な異教的祭りは、形をかえながらも現在にまで生き延びており、ドイツのファスナハト、夏と冬との戦い、ミドサマーの祭りを紹介する本書は、現代にまで生き延びる魔女的でナチュラルなメンタリティーを垣間見せてくれる。

● **D. Brueton, *Many Moons,*** Prentice Hall Press 1991

魔女は規則正しく動く太陽の側の住人ではなく、夜な夜な、ときに細く、ときに円く、ときに赤く、ときに青いきまぐれな月の側の住人である。魔女を知ることは月の術を知ることでもある。たとえば、魔女たちが魔法をかけるタイミングの多くは月の位相によることが多いのだ。カラー図版をぜいたくに用いた本書は、月の伝説、フォークロア、ジンクスにはじまって、天文学的な月のデータにいたるまで、ほとんどすべての月に関する情報を網羅したテーブル・ブック。魔女的な気分にひたりたいときの格好の材料になってくれる。（邦訳『月世界大全』青土社）

● **マイケル・ハーナー『シャーマンへの道』** 平河出版社　一九八九

アメリカのネオ・シャーマニズム運動をリードする異色人類学者マイケル・ハーナーによるシャーマニズムの入門書。ネイティブ・アメリカンのシャーマニズムを体系化し、それを現代的にマニュアル化したもの。ヨーロッパの魔女とインディアンのシャーマニズムは一見まったく別ものだが、しかし、そこには「近代」が忘れさったネイティブな英知が秘められているという点では一致している。

ヴィジョン・クエスト、パワー・アニマルとの出会い、などなど、魔法の力に満ちた異世界探究の技術を実践したい向きにはよい手引になるだろう。しかし、文化のコンテクストからきりはなし、「テクニック」のみを抽出したこのようなシャーマニズムが、どれだけ「自然」で「ネイティブ」だといえるのだろうか、という疑問は残ってしまうのだが。

● **青木やよひ『フェミニズムとエコロジー』** 新評論　一九九四

抑圧された自然の解放はまた魔女的・女性的なるものの解放でもある、というエコロジカル・フェミニスト最大の論客によるフェミニズム。「魔女こそは、古代社会の女預言者の末裔であって、病気やケガの治療を行ったのにちがいない。……そしてその施療の特徴は、なによりも身体と精神を分離することなく、また自然界の動きと人間の病をその関連のなかにトータルにとらえていたことだ。……たしかに魔女とは『文明化』に対する野生の反逆であり、中央集権化への土着文化の抵抗であり、また歴史の表面を織り成して行く男の文化に対する女の文化の体現者であったにちがいない」とは、著者自身の言葉。

● **上野千鶴子『女は世界を救えるか』** 勁草書房　一九八六

現代の魔女的霊性が訴える女性性＝自然＝生命原理に対する痛烈な、そして徹底的な批判の書。「『近代―西欧』が支配し統制しようとした『自然』に、近代が復讐されているとして、『自然への回帰』が近代を超克する唯一の道だとするのは『自然』の一種の神秘化にほかならない。しかも、『女性』がこの『自然』を代表するとしたらそれは文化／自然の二項対立の図式のうち、自然の側に女性をわりあてる男性優位の文化イデオロギーを実は前提とし、受け入れていると言える」

という著者の痛烈な批判に、神秘的自然観を訴える魔女主義者はどうも分がわるい。しかし、あえてこのロジックに反対をするとするのなら、女性に割り当てられ、女性イメージによって表象されてきた、「内側の」自然こそ、魔女が魔法によって呼び出そうとしているものなのだ、ということである。魔女が女なのではない。魔女は、女の体とイメージをつかって、あちらこちらに「女」性、魔女性を呼び起こそうとしていると思うのだが、どうだろうか。そして、生命の体感こそ、魔法の力に外ならないと思うのだが。

●ハンス・ペーター・デュル『夢の時』　法政大学出版局　一九九三

異色の、野心的人類学者デュルによる、魔女論。エリアーデを思わせる膨大な引用を利用しつつ、野生と文明の境界領域を開示するきわめて魅惑的な書。「魔女は空を飛べたのか」という問いにはじまって、魔女、野生の女がひらく「夢の時」においては、われわれ文明の内側にいるものには、直接語り得ぬ生のありかた、認識の体験が待ち受けていることを示唆している。デュルは、文明化の過程とは、そうした「夢の時」の空洞化を招いたと説くように見える。「たえず複雑化してゆく文明は、こうした事項に関する知を失ってしまった。そうなると、文明は彼岸のものに接しても、その経験をますます禁じて抑圧して行き、さらには時代が降りると『精神化』し、『主観化』することになる。やがて、フォイエルバッハとマルクスが、そして精神分析学者と実証主義的イデオロギー批判者が展開することになるあの「投影理論」のすべては、このような状況から発しているのである。『外部』は内部へすべりこむ。ときに外部本来の性質を否定できないことがあっても、『投影された』ものとして外部は再び主観性に吸収されてしまうのである。……こんな外部の駆逐過程のまず矢面にたたされるのはとくに『境界線上に立つ人々』、昔から否応なしに彼岸に向かって開かれていた人々、すなわち女性たちである。なかでも、ときに境界線を踏み越えてしまう能力をとくに養って来た女性たちである」と語る著者は、ワイルド・ハント、ベルセルク、ナワール、ディアーナ、サバトなどなど、さまざまなイメージをごったがえしながら、語り得ぬ彼岸をなんとか語ろうとしている。理性を眠らせ、魔を呼びたいかたに。

●マリオン・ジマー・ブラッドリー『異教の女王』　早川書房　一九八八

魔女が失われた、あるいは失われたとイメージされる心のかたわれなら、それがもっとも純粋なかたちで出現するのはファンタジーのなかにおいてであろう。ブラッドリーの「アヴァロンの霧」シリーズは、現代ファンタジーの傑作であり、アーサー王伝説のリメイクを通じて、魔女の術がきわめて印象的に描かれている。著者の謝辞をみてもわかるように、この小説にはダイアン・フォーチュンやスターホークなどさまざまな現代の魔術師や実際の魔女の技術が取材されており、またおそらくは本人もそうした術の実践者であるゆえに、迫力のある描写となっている。イメージは霧を呼び、その霧の消えるところから異界が顔を出す。それはフェアリーか、カリプソのセイレンたちか……。

● **Bengt Ankarloo (Editor) & Stuart Clark (Editor)** ***Witchcraft and Magic in Europe, Vol. 6: The Twentieth Century (Witchcraft and Magic in Europe)*** University of Pennsylvania Press 1999

古代ギリシャから現代までの西洋魔術の歴史を概観する学術書のシリーズのうちの一冊。二十世紀の西洋魔術の世界を客観的に知ることができる。

● **James R. Lewis (Editor),** ***Magical Religion and Modern Witchcraft*** State University of New York Press 1996

新宗教、ニューエイジ運動研究で知られるジェイムズ・ルイス博士によるアンソロジー。女神信仰の実践者のエッセイから客観的な歴史研究論文まで幅広く現代の西洋魔術運動を見渡せる資料集。

● **Sabina Magliocco,** ***Witching Culture: Folklore and Neo-Paganism in America (Contemporary Ethnography)*** University of Pennsylvania Press 2004

合衆国における現代魔女、異教運動の詳細なフィールドワーク研究。

● **Graham Harvey (Editor) &** ***The Paganism Reader*** **Chas Clifton (Editor),** Routledge 2004

現代異教、魔女運動復興のソースとなった、古代ギリシャから現代までのさまざまな古典のリーダー。これ一冊あれば、現代の魔法魔術のイメージの源泉となった文献が見渡せる。

● **Susan Greenwood,** ***Magic, Witchcraft and the Otherworld: An Anthropology*** Bloomsbury Academic 2000

自ら魔術の実践者でもある人類学者によるエスノグラフィー。魔術の実践によって世界観がどのように変化するか、他界をどのように体験するかを内的な視点を重視しつつ記述したきわめて貴重でユニークな研究。

● **Leo Ruickbie,** ***Witchcraft Out of the Shadow : A Complete History*** Robert Hale 2004

ロンドンの魔女ショップ、トレッドウエルのオーナー、クリスティナさんに「小さくて魔女の世界の全体図がわかるおすすめの本はないですか」と聞いて、教えていただいたのがこの本。古代ギリシャから現代の魔女運動の成立、現在の社会学的調査まで網羅された中身の濃い、しかし読みやすい本である。隠れた名著と言えるかもしれない。

● **エリカ・ジョング『魔女たち』** ジョゼフ・A・スミス 絵 サンリオ 一九八二

「ユリイカ」の文献案内では入れそこなっていた重要な本。『飛ぶのが怖い』で有名な、フェミニストのエリカ・ジョングが実践的な魔女の本を書いていた。フェミニズム運動の一つとして魔女をとらえたときに大きな影響力を持った本で、この大判の本が初の実践的な魔女の本の世界的ベストセラーであったといってよい。日本では早すぎる時期に紹介されたということか。

●**黒川正剛『魔女とメランコリー』** 新評論　二〇一二

現代魔女運動ではなく魔女狩り時代の魔女を扱う研究書であるが、魔女とされた人々と四つの体液の一つであるメランコリーの表象が重ねあわされたことを指摘する点でユニークかつ重要な書。

●**河西瑛里子『グラストンベリーの女神たち』** 法蔵館　二〇一五

正確には魔女ではなく、女神信仰者たちのフィールドワークであるが、魔女たちときわめて近い関係にあるのが女神信仰者たちでもある。グラストンベリーは英国でも異教信仰の中心地となっている。若き気鋭の人類学者によるフィールドワーク。

●**スコット・カニンガム『魔女の教科書――自然のパワーで幸せを呼ぶ〝ウイッカ〟の魔法入門（フェニックスシリーズ No. 27）』**

パンローリング株式会社　二〇一五

現代アメリカのポピュラーな男性の魔女、スコット・カニンガムによるウイッカへの手軽な入門書。

●**P.Carr-Gomm & R.Heygate, *The Book of English Magic*,**

John Murray 2009

英国の魔法の諸相、現状を描き出すおすすめの一冊。魔女だけではなく、レイライン、ダウジング、ドルイド、アングロサクソンのルーン、占星術、錬金術などなどの歴史、概要、さらには現代におけるそれぞれのジャンルの指導的実践者へのインタビュー、さらに、各領域を体感するための「するべきことガイド」、および学習法や参考文献などを凝縮して掲載している。

おわりに

西欧の文化といえば、ファッションであれ、食であれ、どんなものでもいち早く輸入し、自分のものにしてしまうこの日本のなかで、ほとんど全くと言っていいほど普及しないムーブメントがひとつある。

それが現代の「魔女」である。

いやいや、ハリーポッターがあるではないか、日本のアニメやラノベのなかでは魔女が大活躍しているではないか、と言われる向きがあるかもしれないが、それだけでは十分ではないのである。現代魔女文化の発祥の地、英国はむろんのこと、アメリカ合衆国、カナダ、オーストラリアなどなどで魔女や魔術師を名乗る人々がかなりの数いて、そして最近では市民権を求めて活動しているのである。

その概要は本書をみていただくとして、こうした文化が日本になかなか入ってこない理由は何かということを考えることだけでも、西洋とは何かを考えたり、そこから日本の文化を逆照射するという面でも興味深いことになるのではないかと思う。

本書の母体は、僕が一九九二年に上梓した『魔女術ウイッチクラフト　都市魔術の誕生』（柏書房）である。おそらく日本で初めて一冊で現代の魔女運動をレポートしたものだと思う。幸いにこの小さな本は、何度か装丁を変えて世に出ている。売れた本ではないが、柏書房さんのご厚意で、何度かチャンスを与えていただいたのだ。

なにしろ弱冠二十四歳のときに書いたものである上に、まだ英米でも現代のペイガニズムや魔女文化に対してのアカデミックな研究が成熟していないころのものであった、ということもあって、若書きの上にボリュームも少ないものであった。

が、逆にそれが幸いして、コンパクトに必要な情報が集められたものになっているのではないかとも考えて、この「鏡リュウジの占い入門シリーズ」にふさわしい内容ではないかと考え、このシリーズのなかにいれていただくことにした。

内容的にはサバトや五芒星の儀式、魔女の道具などについてはかなりの加筆、修正してあり、より充実したはずだ。

なお、最後に著者自身の立場を説明しておこう。

僕は魔女文化には大きな親近感をもっているが、僕自身が「魔女」「魔術師」であるというアイデンティティーはもっていない。

本書にあるようなプラクティスは行うことがあるし、魔法団体のトレーニングを受けたこともあるが、完全なインサイダーというわけではない。むろん、魔法や魔女の文化を代表する立場でもない。

その文化を近しいところから観察してきた人間だということになるだろうか。魔女や魔法の「インサイダー」からはその意味で、不十分だと思われることもあるだろうし、誤解を招くと考える向きもあるかもしれない。しかし、このような個人的なパス（道）を歩く場合の常として、「魔女」「魔術師」同志の間でも意見が合致しないことも多いのも事実であろう。むしろ、完全なインサイダーではない立場であるからこそ見えてくるものを記述した、というふうに寛容にご理解いただけると幸いである。

本書の実践法は、あくまでも個人の責任のもとで行っていただきたい。精神的に不安定なときや治療中のときは実践することはタブーである。

さらに蛇足ながら、最近になってようやく魔女や魔法のスクールの広告も日本でも見るようになってきたが、それが本当に自分にあったものであるかどうかを見極めるのは極めて重要だ。英国ではこうしたワークショップはボランティアベース、ないし、ごく穏当な値段で開催されていることが多い。値付けは難しいところであるが、法外な価格のコースや大げさな宣伝をしているところは避けたほうが無難であろう。これはどのジャンルでもいえることではあるが。

なお、最後に感謝を。本書のベースになった『ウイッチクラフト魔女術―都市魔術の誕生』の再利用をご許可くださった柏書房の富澤凡子社長、編集の労をとってくださった説話社の酒井陽子さん、また本書にかかわってくださったすべてのかたに。

そして、本書を手に取ってくださったあなたに。

女神の祝福を。Blessed Be!

鏡リュウジ

著者紹介

鏡リュウジ（かがみ・りゅうじ）

翻訳家、心理占星術研究家。1968年京都府生まれ。国際基督教大学大学院修了。英国占星術協会会員。著書に『鏡リュウジの占い大事典』（説話社）、訳書に『ユングと占星術』（青土社）など多数。

鏡リュウジの占い入門3

鏡《かがみ》リュウジの魔女《まじょ》と魔法学《まほうがく》

発行日　2015年11月8日　初版発行

著　者　鏡リュウジ
発行者　酒井文人
発行所　株式会社説話社
〒169-8077 東京都新宿区西早稲田1-1-6
電話／03-3204-8288（販売）03-3204-5185（編集）
振替口座／00160-8-69378
URL http://www.setsuwasha.com/

デザイン　染谷千秋
編集担当　酒井陽子

印刷・製本　株式会社平河工業社

ISBN 978-4-906828-19-7　C 2011

※本書は柏書房より刊行された『ウイッチクラフト魔女術―都市魔術の誕生』を加筆、再編集のうえ改題したものです。